SABER DIBUJAR

LOS ANIMALES

SABER DIBUJAR
LOS ANIMALES

PETER GRAY

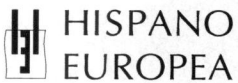

HISPANO EUROPEA

Título de la edición original:
The Practical Guide to Drawing Animals

© Arcturus Publishing Limited/Barrington Barber
26/27 Bickels Yard, 151–153 Bermondsey Street, London SE1 3HA

© de la edición en castellano,
Editorial Hispano Europea, S. A.

E-mail: hispanoeuropea@hispanoeuropea.com

© de la traducción: Esther Gil

ISBN: 978-84-255-2060-0

Segunda edición

Consulte nuestra web:
www.hispanoeuropea.com

Impreso en España

Depósito Legal: B. 27.473-2012

ÍNDICE

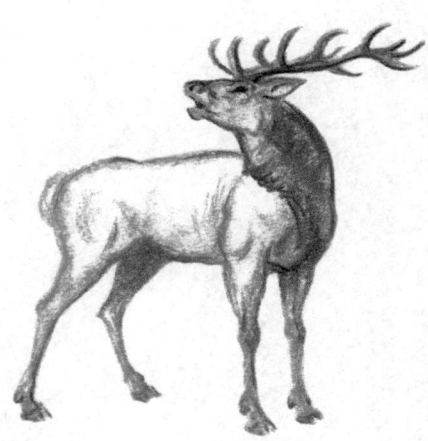

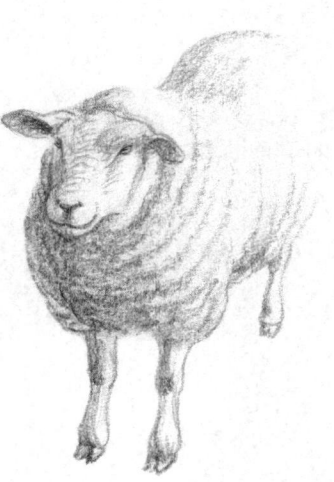

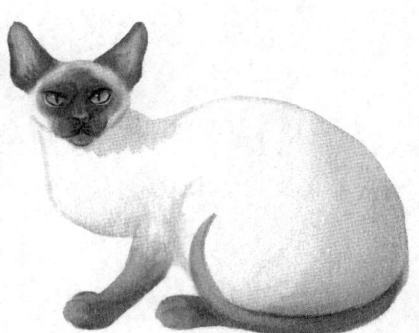

INTRODUCCIÓN

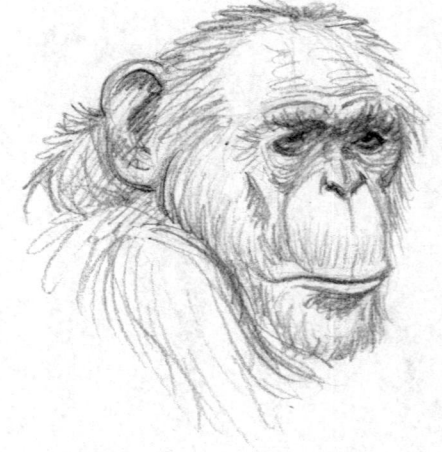

Cuando el hombre prehistórico cogió por primera vez un palo con el que hacía fuego y dibujó en las paredes de su cueva, lo que eligió dibujar fueron animales. Hasta hoy en día el reino animal continúa fascinando e inspirándonos en nuestras creaciones artísticas. El tema es inmenso y con una variedad impresionante, por lo que ofrece al artista nuevos intereses y retos en cada instante.

Este libro se propone instruir al lector en las habilidades fundamentales del dibujo de animales de manera que, con un poco de práctica, incluso un principiante pueda obtener resultados satisfactorios. Está diseñado como si fuese un curso, de manera que cada tema sigue con naturalidad al tema precedente. Paso a paso los dibujos te enseñarán a captar las formas básicas de los animales y a ir aumentando poco a poco las capacidad es para incorporar sombra, textura y detalles. Juntos profundizaremos en distintos materiales y técnicas e intentaremos que desarrolles un estilo de dibujo expresivo.

Capta la expresión y personalidad de los animales.

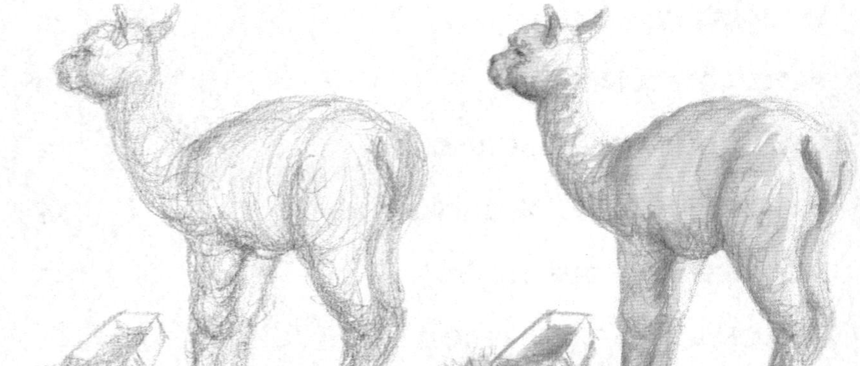

Aprende técnicas para hacer bocetos de animales en directo.

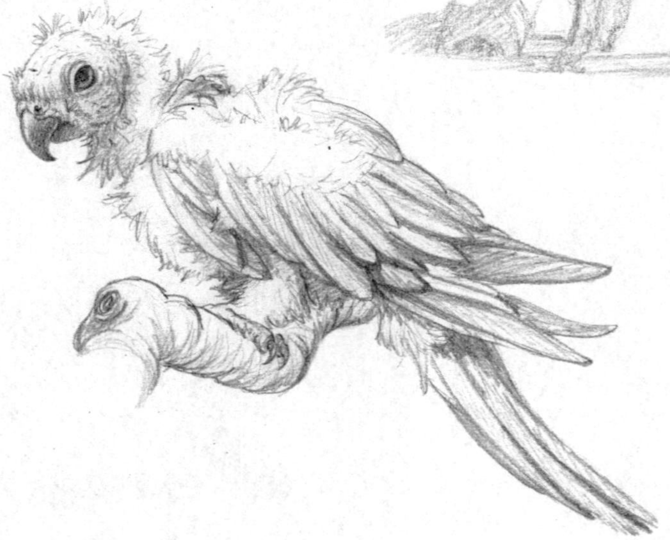

Trasmite las texturas con elegancia y simplicidad.

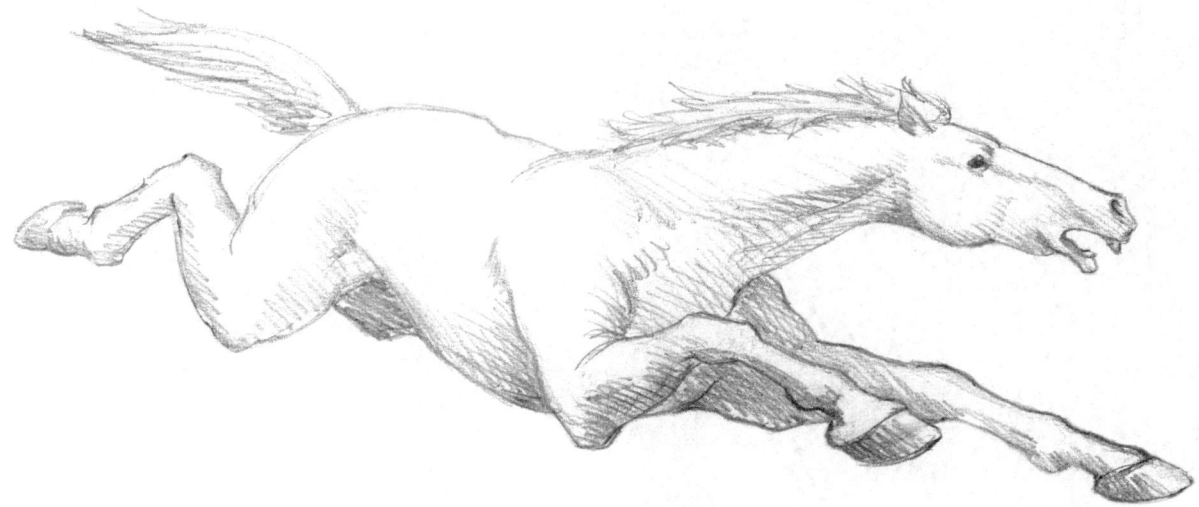

A diferencia de las disciplinas de naturaleza muerta, paisajes y retratos, los animales pueden ser elusivos, impredecibles y casi nunca se quedan quietos. Por esas razones, en la mayoría de los ejercicios de este libro recomiendo utilizar referencias fotográficas. No obstante, dibujar significa mucho más que copiar de fotografías. Estas serán meros puntos de partida: la selección, la simplificación, los trazos y la expresión harán que los dibujos sean mucho más que unas meras copias. Al realizar los ejercicios, intenta resistirte a la tentación de copiar mis ejemplos. Aplica las mismas fases a fotografías que tengas de tus propios libros para crear nuevos dibujos.

A medida que vayas ganando confianza, iré presentando estrategias para trabajar directamente con animales en vivo y en directo, para aportar mayor expresividad y personalidad a los dibujos y para crear tus propios adornos y florituras creativas. Las 200 ilustraciones o más que presentamos en esta obra son solo una pequeña fracción de las técnicas y enfoques estilísticos que tienes a tu alcance a medida que continúes desarrollando tus habilidades para dibujar animales.

Consigue que tus dibujos estén cargados de expresividad y personalidad.

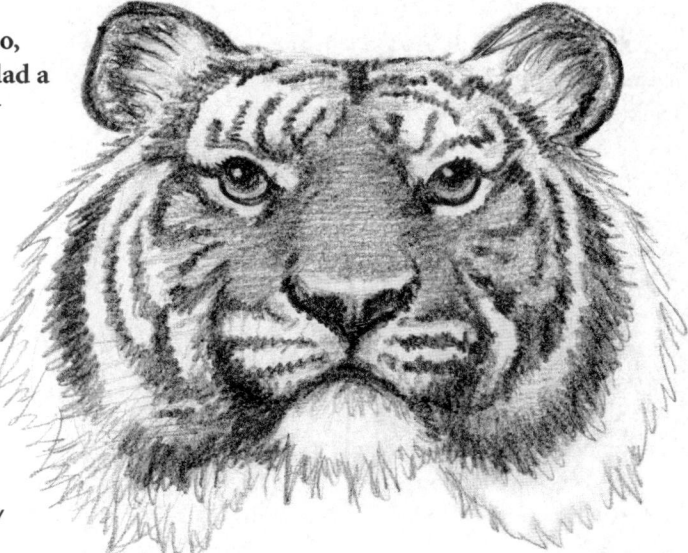

Dibuja con trazos atrevidos y seguros.

7

ESTRUCTURA CORPORAL

Pese a la gran variedad que encontramos en el reino animal, te complacerá saber que la estructura subyacente básica es la misma para la mayoría de las criaturas que hay en el planeta. Aún es más, ¡es la misma que la nuestra!

Compara la figura humana con la de otros primates como el chimpancé. Las articulaciones son las mismas, pero hay un par de diferencias destacables. Puesto que los simios caminan a cuatro patas, la pelvis es proporcionalmente mucho más pequeña que la nuestra y la columna vertebral no se curva en la espalda como nos ocurre a nosotros.

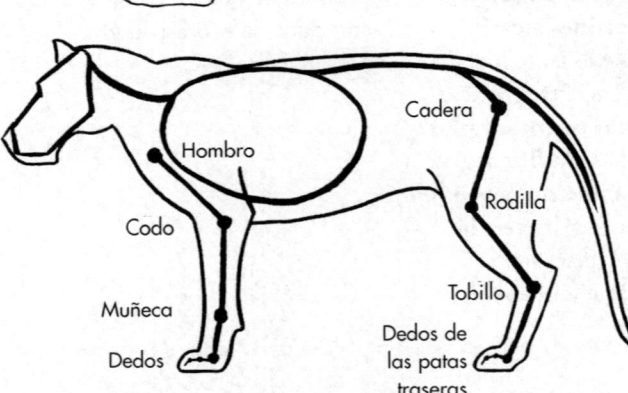

Otros cuadrúpedos tienen la misma curvatura de la columna y también pelvis pequeñas, como ocurre con los simios. Las patas, desarrolladas de forma diferente, pueden parecer muy distintas a las nuestras, pero si miramos el diagrama de un león, el que tenemos más arriba, podemos ver que de hecho las almohadillas de las patas son equivalentes a los dedos de las manos y los pies de los primates. El hombro y la cadera están muy cerca del cuerpo y no son tan visibles como en los primates.

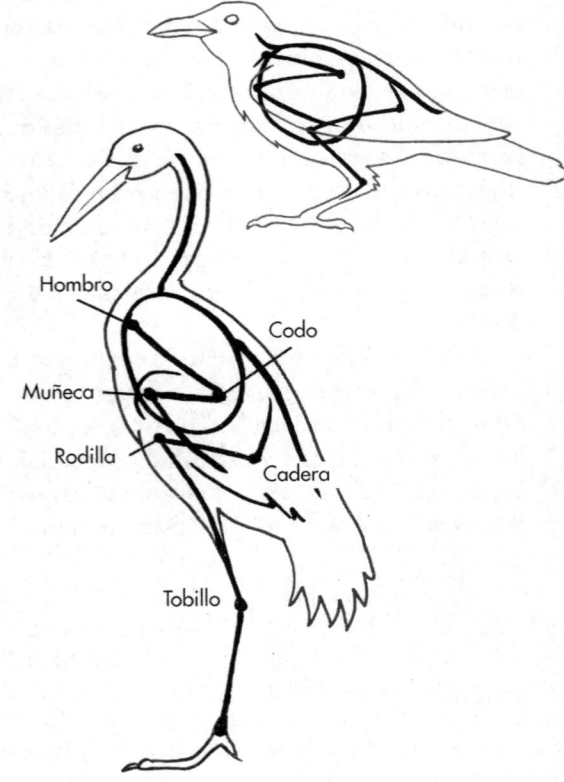

Las aves, tanto grandes como pequeñas, tienen una constitución similar. No es tan fácil discernir las articulaciones en el ala de un ave, pero cada articulación desempeña una función importante que es útil entender a la hora de dibujar, sobre todo cuando las alas están desplegadas.

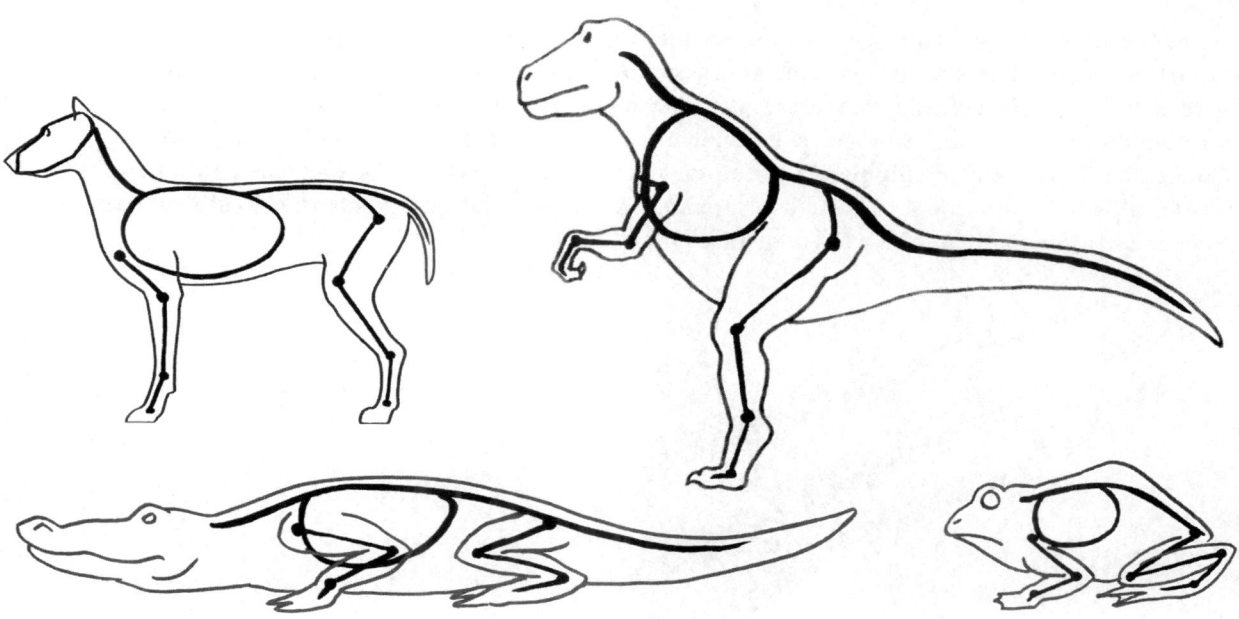

La misma estructura se encuentra en otros mamíferos, así como·en
anfibios y reptiles. Incluso los dinosaurios y otras antiguas criaturas tenían
las mismas articulaciones.

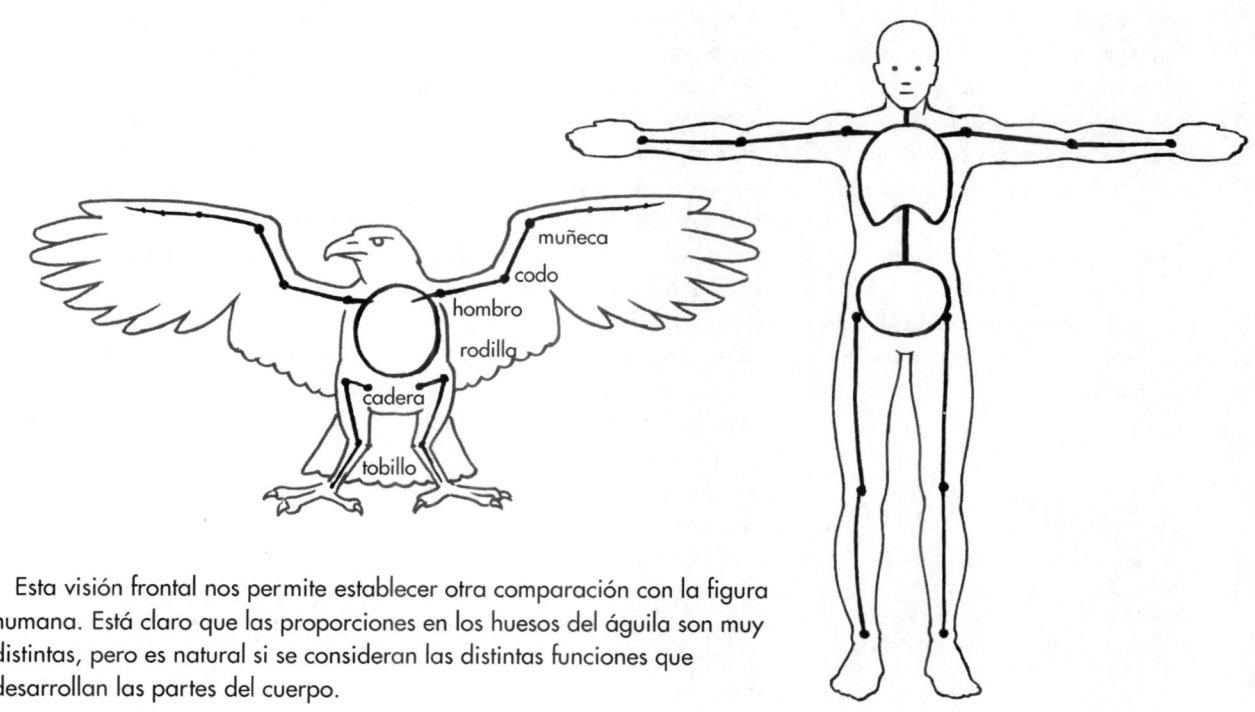

Esta visión frontal nos permite establecer otra comparación con la figura
humana. Está claro que las proporciones en los huesos del águila son muy
distintas, pero es natural si se consideran las distintas funciones que
desarrollan las partes del cuerpo.

MATERIALES BÁSICOS

Una de las ventajas de empezar a dibujar es que se necesita poco material en un principio. Hay un importante sector detrás de los materiales para artistas y algunos de los utensilios que venden en las tiendas de arte pueden ser muy tentadores pero hay que saber que esos llamativos materiales normalmente no implican una mejoría en la técnica e incluso pueden acabar confundiendo el tema principal, que es aprender a dibujar. Para empezar necesitarás unos lápices, papel, una goma y una cuchilla afiladora, pero a lo largo del libro veremos otros materiales que quizás quieras utilizar para experimentar e ir añadiéndolos a tus utensilios.

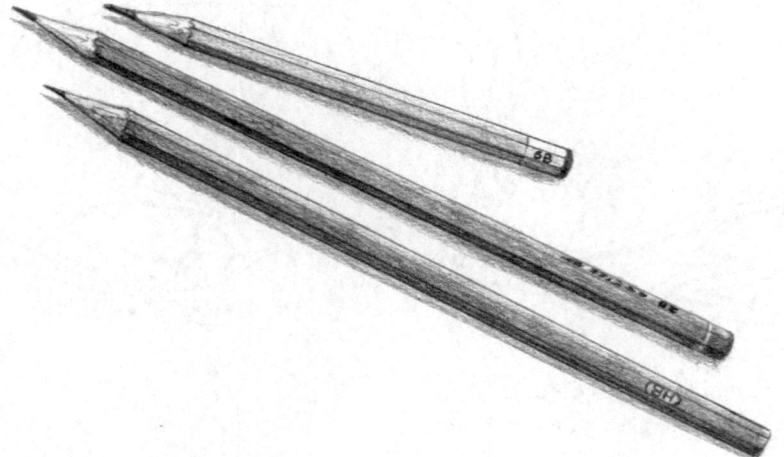

Lápices

Aunque cualquier lápiz sirve para dominar las técnicas básicas del dibujo, los más baratos pueden provocar manchas y ser insatisfactorios. Vale la pena gastarse un poco más en lápices de buena calidad en la tienda de arte. Están clasificados de H (duro) a B (blando) y tienen un prefijo que indica el grado de dureza y de negrura. Para empezar bastaría con tener un lápiz H, un HB, un 2B y un 6B.

UN TRUCO ÚTIL

Compra lápices de diferentes grados que sean visualmente diferentes (que por fuera tengan colores diferentes) para poderlos identificar enseguida.

Apoyo

La mayoría de los ejercicios de este libro pueden realizarse encima de cualquier mesa, pero para mayor comodidad se puede inclinar la superficie de dibujo.

Los cuadernos de dibujo suelen tener una contratapa lo suficientemente rígida como para ponerla inclinada en el borde de la mesa al dibujar. Si se trabaja con una hoja de papel suela, un tablero de dibujo pequeño podría ser útil. Una hoja de madera contrachapada de unos 5 mm será fuerte, pero a la vez ligera, por lo que te permitirá trabajar en cualquier lugar. Asegúrate de que esté bien lijada y esté suave y de que sea un poco más grande que el papel para poder sujetar el papel con pinzas o con celo en los bordes.

Goma

Una goma es una parte vital del material con la que debes contar. No hay que temer borrar los errores y las líneas de esbozo que se hagan, ya que son una parte importante del proceso de dibujo.

Compra una goma de buena calidad que no sea ni muy dura ni muy blanda. Hay muchísimas variedades en el mercado, pero todas hacen la misma función. Cuando las esquinas se queden desgastadas y manchadas puedes cortarla con un cuchillo para volver a tener una esquina puntiaguda con la que trabajar mejor. Para borrar aspectos que requieren un trabajo más minucioso suelo utilizar una goma que venden en forma de lápiz y que puede afilarse muy bien.

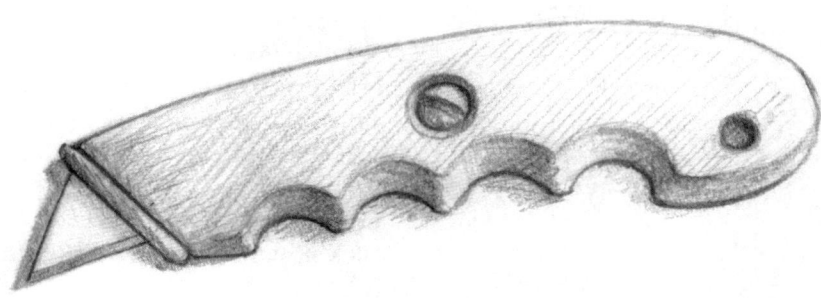

Papel

Para realizar los primeros esbozos, cualquier papel será bueno. Un cuaderno de dibujo barato de espirales, de tamaño A4 o mejor aún A3, bastará pero un papel de fotocopia o incluso un papel para reciclar bastará. El papel caro solo sirve para inhibir tu libertad y cohibirte a la hora de cometer errores.

A medida que progreses en capacidades y ambición, más importante será el tipo de papel que utilices. Por ejemplo, las tizas y el carboncillo funcionan mejor con una superficie de textura ligera y algunos temas igual requieren un papel de un color oscuro (véanse páginas 30-31). El material que puede humedecerse, como las acuarelas, necesita un papel más grueso que no se abombe con la humedad (véanse las páginas 28-29). Un papel entre $200g/m^2$ y $300g/m^2$ debería aportar un grosor suficiente. Para dibujos más grandes, se podría utilizar papel de revestimiento de decorador que es muy barato, robusto y se vende en rollos de 10 metros. También puede que te guste experimentar con papel brillante, papel marrón de hacer paquetes o incluso cartulina.

Afilador

Un cuchillo afilado o un escalpelo es esencial para sacarle punta a los lápices. Para dibujar lo ideal es que los lápices estén afilados y revelen buena parte de la mina, a diferencia de la punta uniforme que deja un sacapuntas. Mantén la cuchilla formando un ángulo agudo con el lápiz y afílalo siempre lejos del cuerpo. Los lápices blandos del tipo 2B o 6B requieren estar siempre afilados, así que igual tendrás que sacarles punta varias veces en el transcurso de un dibujo. Un sacapuntas puede ser útil para afilar la punta en el trabajo más detallado.

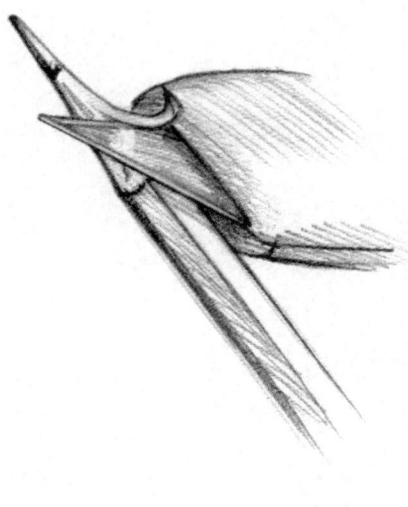

UN TRUCO ÚTIL

Algunos sacapuntas vienen con una cápsula que recoge las virutas. Van muy bien porque si estás dibujando al aire libre no dejas basura.

DIBUJAR LAS FORMAS BÁSICAS

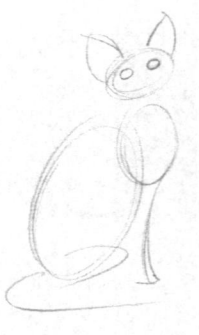

El aspecto más importante a la hora de dibujar cualquier animal es captar su forma esencial. No hay detalle que valga si un dibujo tiene las proporciones erróneas. Así que vale la pena dedicar tiempo a este sencillo ejercicio para ganar práctica en la observación y dibujar las extrañas y maravillosas formas que encontramos en el reino animal.

Busca fotografías de varios animales que estén tomadas desde ángulos sencillos como el perfil. Utiliza solo un lápiz HB (o más blando) y una hoja de papel. Antes de empezar cada dibujo, observa atentamente la fotografía y disecciona mentalmente el animal en los círculos, óvalos y curvas que lo conforman. Olvídate de tus pensamientos sobre los animales y mira a cada criatura como si fuese un conjunto de formas abstractas y después dibújalas con rapidez. A continuación debería ser bastante fácil completar los contornos y añadir algún detalle aquí y allá. Haz bastantes dibujos sencillos a los que no les dediques más de cinco minutos.

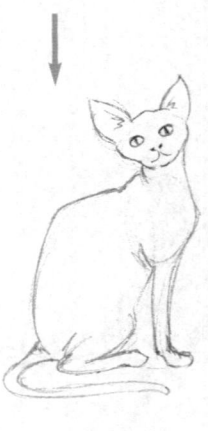

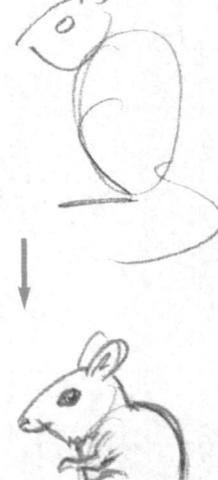

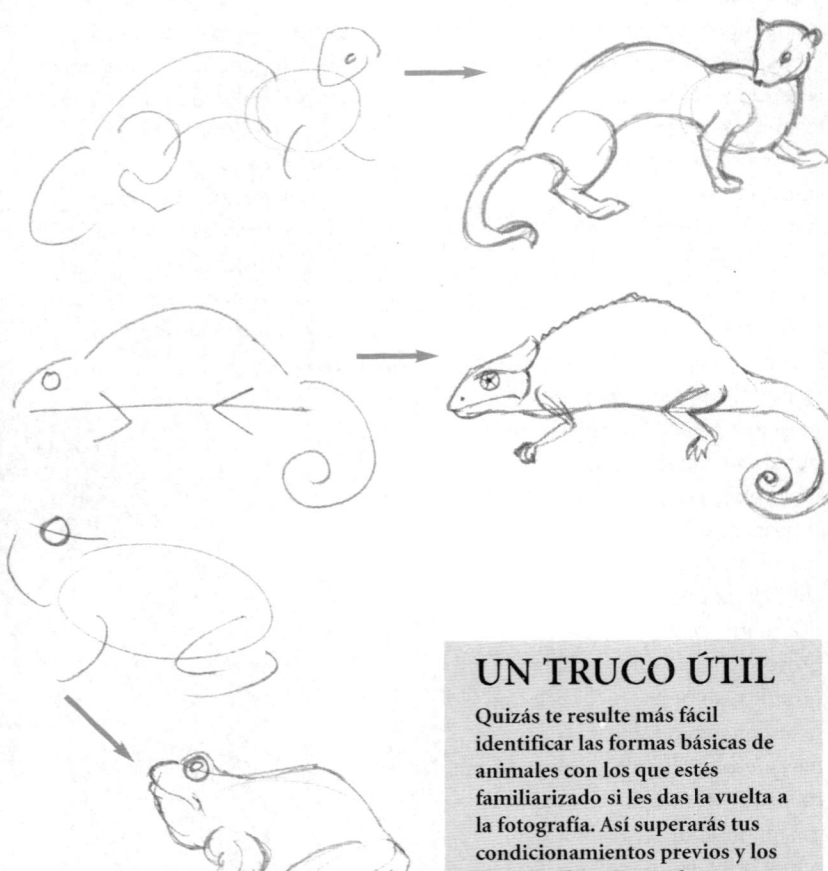

UN TRUCO ÚTIL

Quizás te resulte más fácil identificar las formas básicas de animales con los que estés familiarizado si les das la vuelta a la fotografía. Así superarás tus condicionamientos previos y los verás desde otro ángulo.

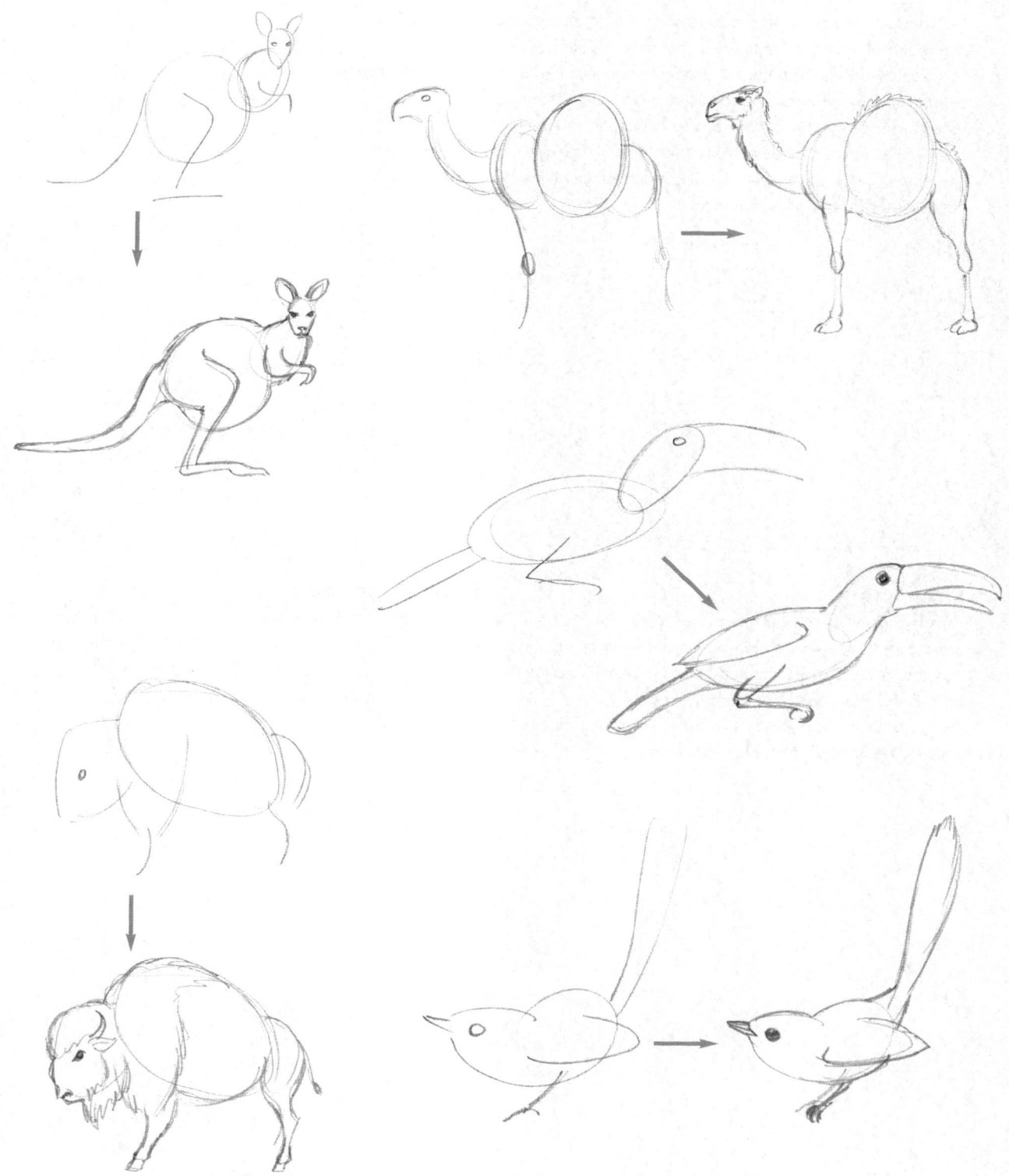

Cuando el propósito sea conseguir un dibujo más acabado, tendremos que tomar el mismo enfoque. De momento seguiremos dibujando vistas sencillas de perfil. Aquí he dibujado un caballo en varios pasos, prestando atención a las proporciones correctas y a los detalles más básicos. Para seguir estos pasos, busca una buena fotografía, ya que será tu principal apoyo. Asegúrate de que se ven los detalles y de que la calidad de la luz hace que los contornos del animal queden suficientemente claros como para añadir tonalidades más tarde.

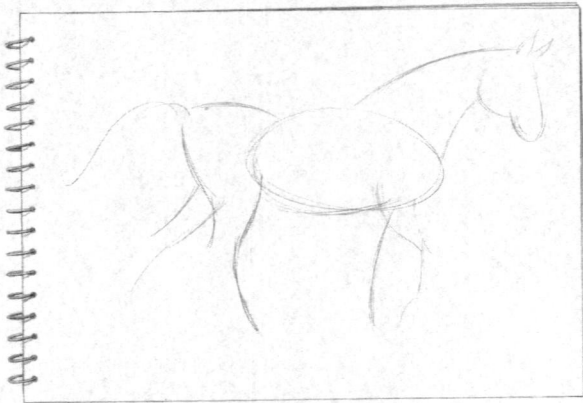

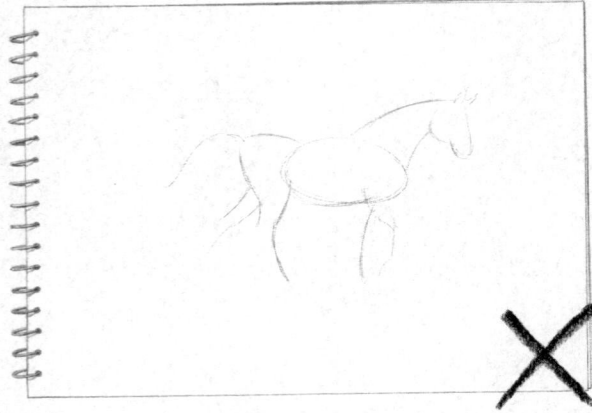

Paso 1 correcto

Habiendo elegido una fotografía apropiada, la he estudiado y la he descompuesto mentalmente en formas básicas. Antes de realizar el esbozo he practicado las formas básicas con el lápiz sobre el papel y he intentado llenar la página al máximo sin que el dibujo se fuese demasiado hacia los extremos.

Paso 1 incorrecto

No hagas el dibujo demasiado pequeño. Si trabajas en pequeño restringirás los movimientos y tenderás a producir dibujos recargados. Atrévete con un dibujo atrevido y grande desde el principio.

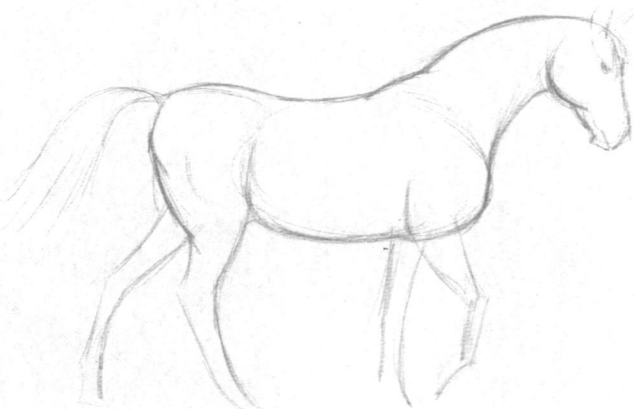

Paso 2

Satisfecho con el dibujo, suavicé el contorno del caballo y les di a las patas anchura y forma, siempre de acuerdo a la fotografía. En esta fase no hay que dejarse llevar por ningún detalle.

Paso 3

A continuación me centré en la cabeza y el cuello para tener unas medidas definitivas a partir de las cuales dibujar la largura de las patas. Trabajé más en la longitud general de las patas y en la posición de las articulaciones que marqué con formas ovaladas.

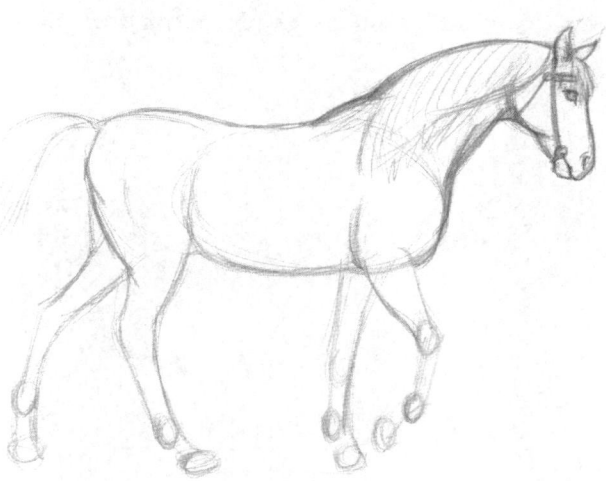

Paso 4

Es fácil dibujar las patas de los animales mal, de manera que parezcan débiles y sin forma. Por eso, dibujar primero las articulaciones con forma ovalada ayuda a construir los contornos de las patas. En esta fase finalicé ya el contorno de todo el dibujo y también marqué la forma de la crin y la cola.

Ahora ya el dibujo estaba listo para borrar las líneas y aportarle tonalidades. En la página 18 verás distintas formas de acabar los dibujos.

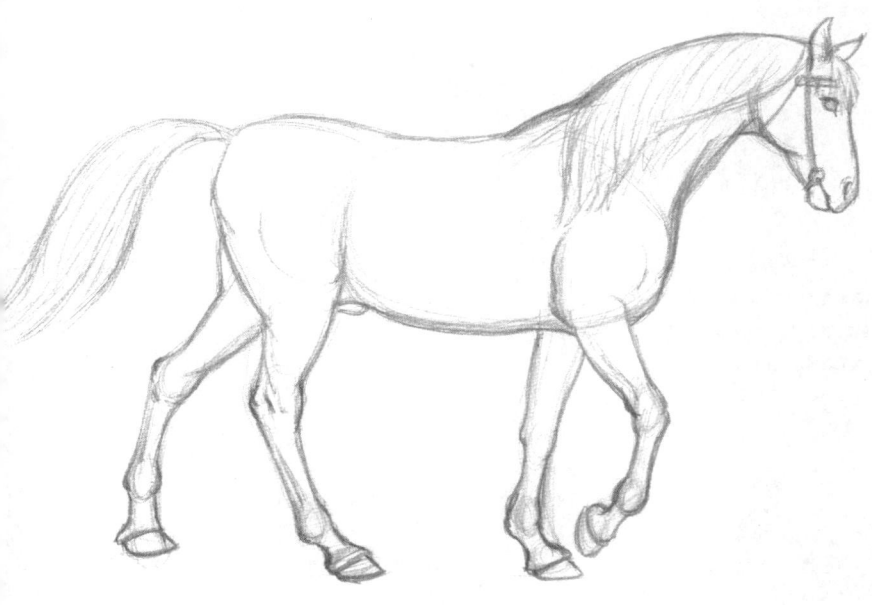

UN TRUCO ÚTIL

Los caballos tienen aproximadamente una altura que hace tres cabezas hasta el hombro y la misma longitud en el cuerpo aunque siempre hay excepciones y puede que la fotografía en concreto difiera de esta generalización.

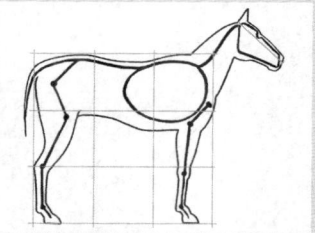

COMPROBACIONES Y MEDIDAS

Las proporciones correctas son un aspecto importante para cualquier buen dibujante, sobre todo cuando se dibujan animales. Algunas sencillas técnicas pueden resultar muy útiles para detectar errores y conseguir que los dibujos empiecen con buen pie.

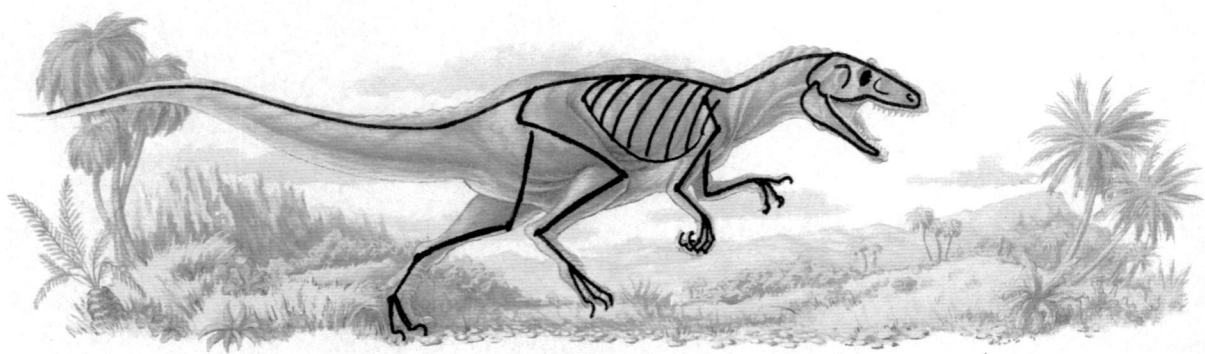

Intenta imaginarte el esqueleto que hay en el interior de los animales. Incluso lo podrías dibujar. Así podrías ver bien las articulaciones del animal y comprobar que las extremidades tengan las proporciones correctas.

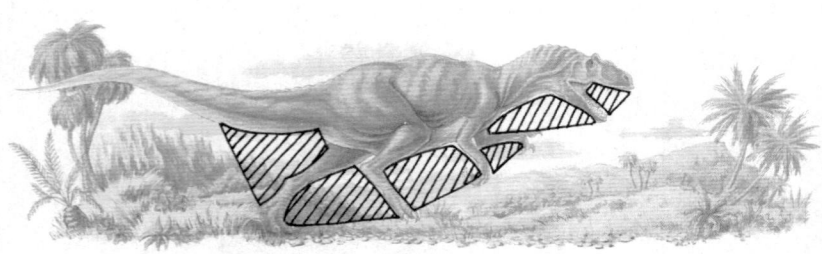

También puede ser útil observar las «formas negativas», es decir los espacios que quedan entre las partes del cuerpo.

Sea cual sea el tamaño del dibujo, siempre se pueden comprobar las proporciones con una sencilla medición. Con un lápiz o una regla, identifica dimensiones similares en la imagen original que tienes y después comprueba que las partes equivalentes de tu dibujo tengan una proporción coherente.

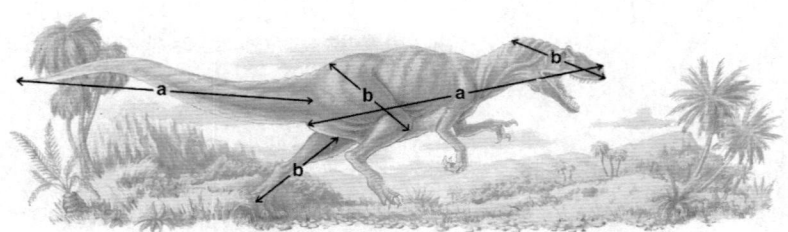

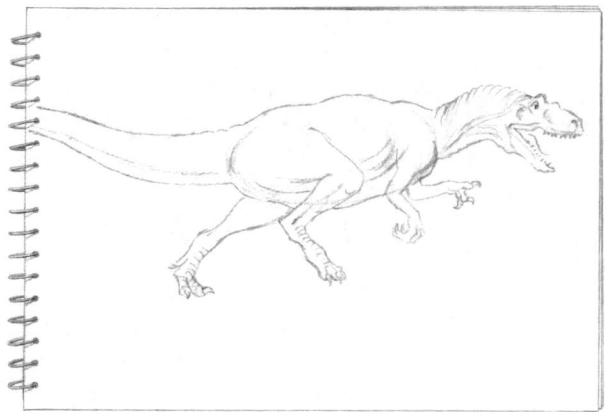

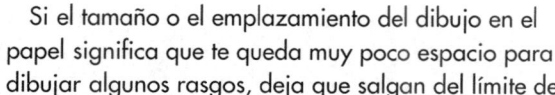

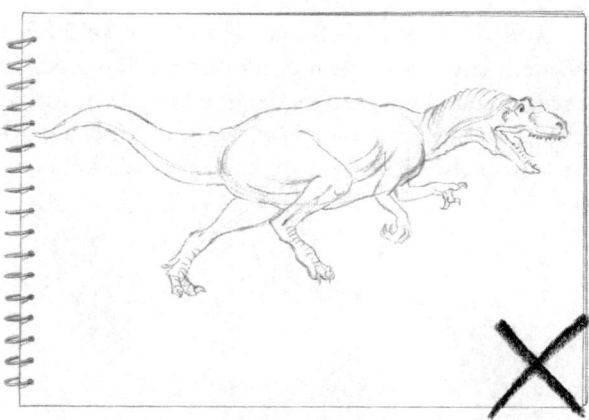

Si el tamaño o el emplazamiento del dibujo en el papel significa que te queda muy poco espacio para dibujar algunos rasgos, deja que salgan del límite del papel. No achiques las proporciones para que te quepa todo.

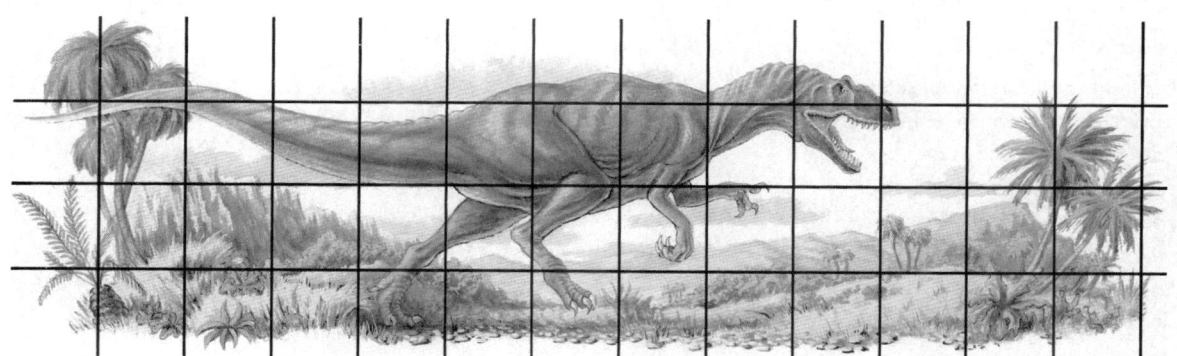

Si no te salen las proporciones con los consejos anteriores, puedes asegurarte un buen comienzo con las cuadrículas. Dibuja una cuadrícula regular en papel de calcar y sitúalo por encima de la imagen de muestra y después dibuja una cuadrícula similar para que encaje en tu papel de dibujo. Así el dibujo estará descompuesto en fragmentos observables que podrán dibujarse de manera independiente. Así es como los antiguos maestros agrandaban sus dibujos para hacer murales.

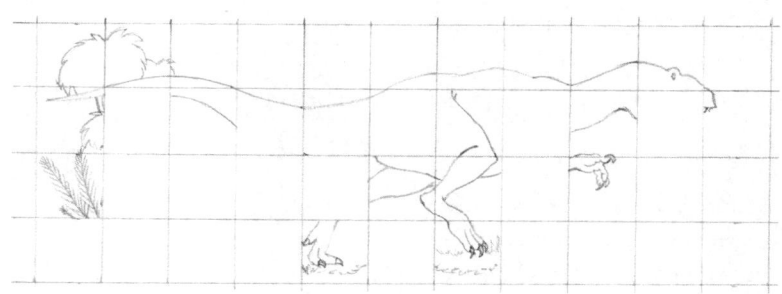

ACABADO CON LÁPIZ

Aplicar tonos o sombras a los dibujos se conoce como darle el acabado. Utiliza un lápiz blando (2B-6B) e intenta no ser demasiado tímido. Los errores se pueden borrar sin más. Trabaja en todo el dibujo, redefiniendo detalles a media que progreses. Intenta evitar los dibujos demasiado oscuros; que suele ser buena idea rebajar los colores (o «tonos locales») del animal y hacer un acabado de acuerdo con la caída de la luz sobre el animal, dejando trozos en blanco.

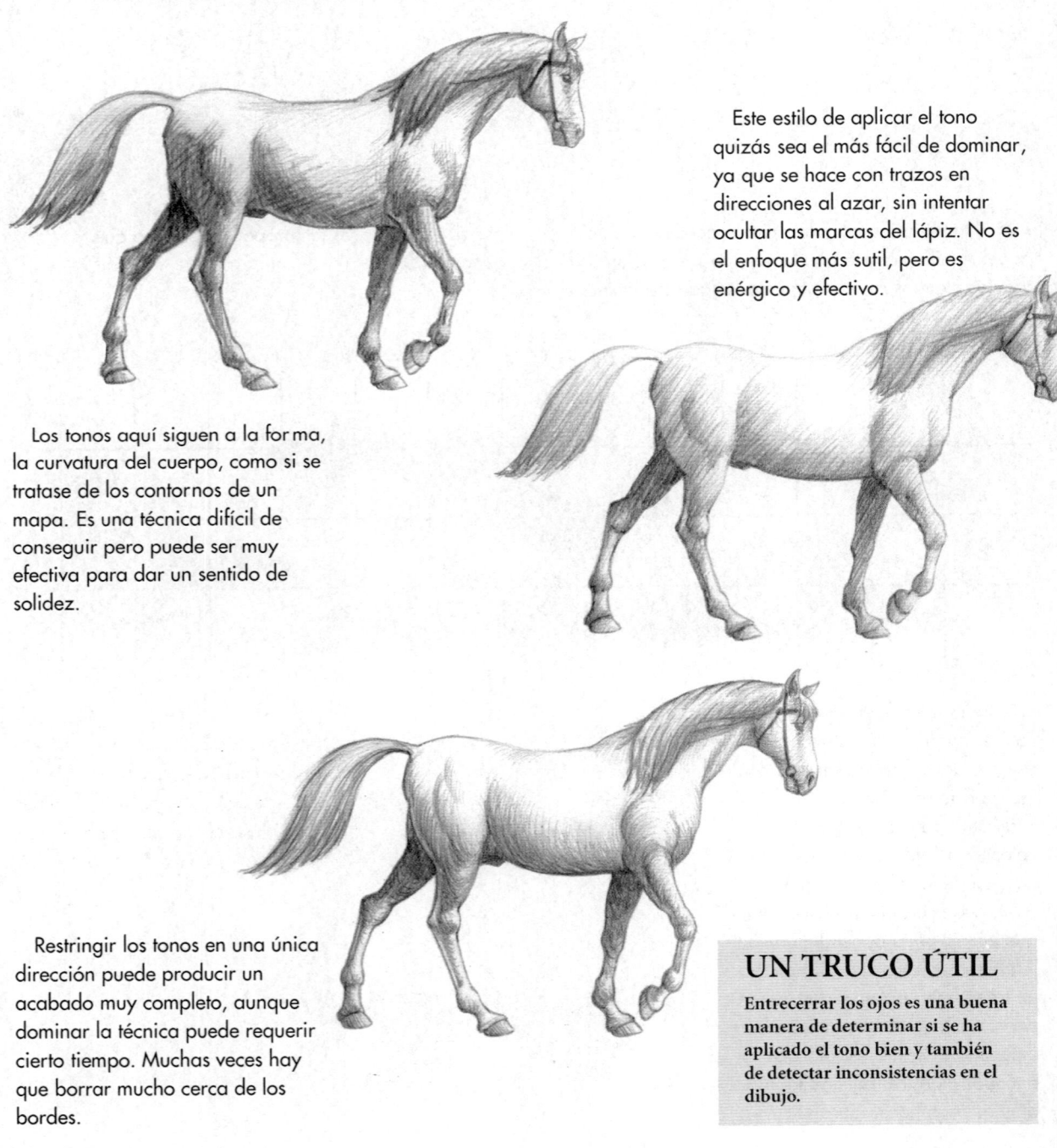

Este estilo de aplicar el tono quizás sea el más fácil de dominar, ya que se hace con trazos en direcciones al azar, sin intentar ocultar las marcas del lápiz. No es el enfoque más sutil, pero es enérgico y efectivo.

Los tonos aquí siguen a la forma, la curvatura del cuerpo, como si se tratase de los contornos de un mapa. Es una técnica difícil de conseguir pero puede ser muy efectiva para dar un sentido de solidez.

Restringir los tonos en una única dirección puede producir un acabado muy completo, aunque dominar la técnica puede requerir cierto tiempo. Muchas veces hay que borrar mucho cerca de los bordes.

UN TRUCO ÚTIL

Entrecerrar los ojos es una buena manera de determinar si se ha aplicado el tono bien y también de detectar inconsistencias en el dibujo.

Quizás no desees que se vean las marcas del lápiz. En este dibujo se aplicó el tono con el lateral del lápiz y los tonos se fueron creando poco a poco con capas y capas mezcladas con la yema del dedo. El efecto es mucho más suave y sutil.

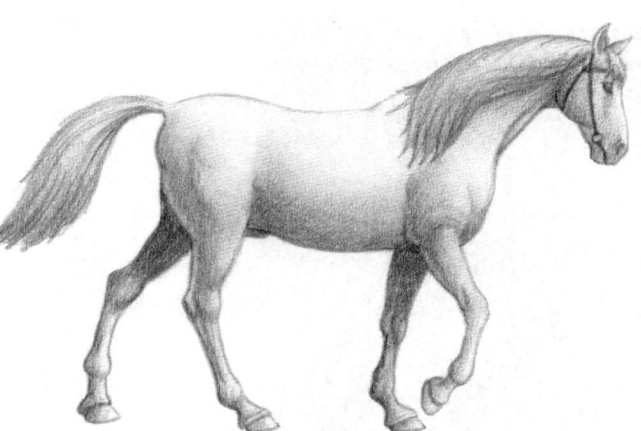

Cómo tomar el lápiz

Sostener el lápiz permite controlar pequeños movimientos con los dedos. Ahora bien, a la hora de dibujar, la mayoría de los movimientos se efectúan con la muñeca, el codo y el hombro. Las distintas maneras de sostener el lápiz harán que quede más o menos libre para realizar toda una gama de trazos con confianza.

En este caso se está sosteniendo el lápiz de una forma correcta para propósitos generales y para establecer los primeros dibujos y cuervas suaves. El lápiz se sostiene sin apretar demasiado a medio camino de su eje, permitiendo una presión variada.

Como si se tratase de la manera habitual de sostener el lápiz para escribir, pero con el lápiz más recto, se trata de una buena pose para realizar trabajos detallados y minuciosos o para dibujar en un pequeño bloc de dibujo.

Con el extremo del lápiz sujeto con la palma de la mano, se pueden realizar atrevidas marcas angulares y una fuerte tonalidad.

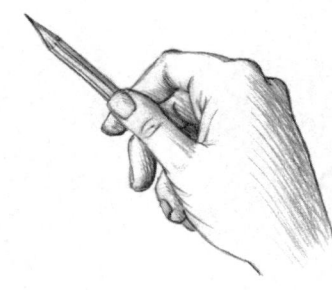

Sostén el lápiz con las yemas de los dedos y el dedo gordo. El lápiz puede producir así líneas y tonos muy sutiles.

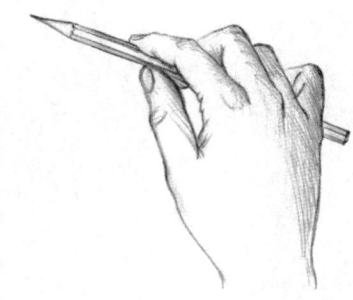

TRAZAR MARCAS

Cuanto más manejes el lápiz mejor apreciarás su gama de marcas expresivas. Las líneas bien trazadas aportan textura y personalidad a los dibujos y nos permiten trasmitir los atributos de los animales con facilidad.

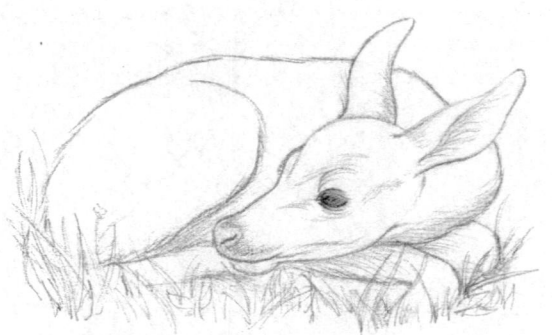

El pelaje aquí está más modelado con fuertes trazos que fluyen en la dirección del crecimiento del pelo. La nitidez del contorno de la cara contrasta con la caótica melena.

Un fuerte contorno angular resalta la musculatura de un perro de caza.

Unas líneas gráciles y una tonalidad mínima ayudan a describir la elegancia de este cervatillo. Un poco de textura en el lomo añade la sensación de suavidad.

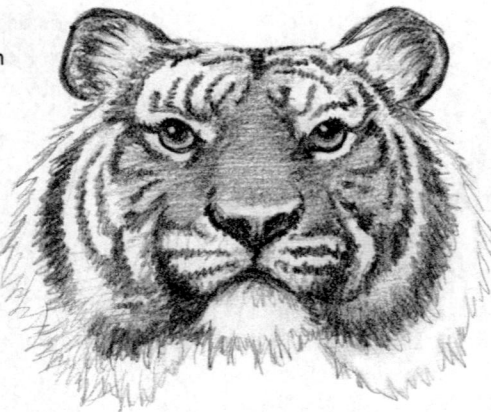

Este aparentemente sencillo dibujo está basado en la dirección y en la calidad de las marcas. Es sencillamente un estudio sobre las marcas del tigre elaborado con lápiz con una tonalidad intermedia básica en los lugares adecuados y un contorno del pelaje.

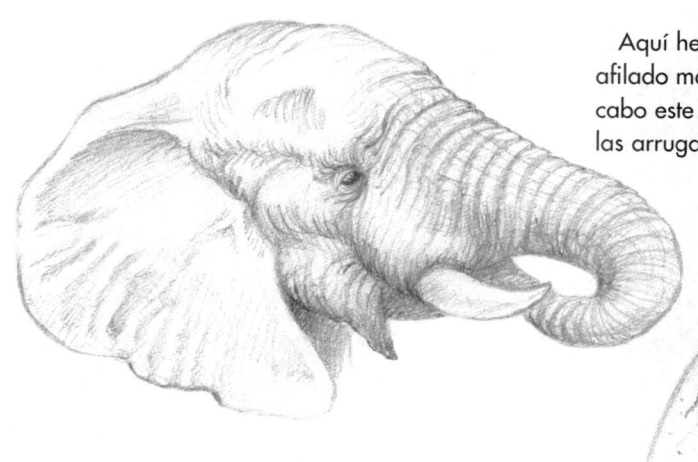

Aquí he empleado un lápiz afilado más duro (HB) para llevar a cabo este estudio que se centra en las arrugas del elefante.

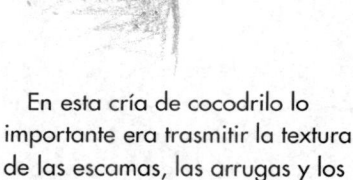

En esta cría de cocodrilo lo importante era trasmitir la textura de las escamas, las arrugas y los dientes con diferentes trazos.

He utilizado el lateral de un lápiz blando para copiar la textura de la lana de esta oveja, marcando el relieve gracias a la luz suave de invierno. Permitiendo que el dibujo se funda con el papel blanco, el observador completa el dibujo con su mente.

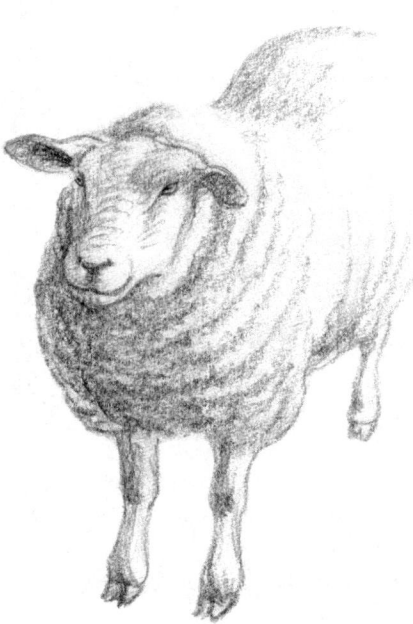

Se necesitaron diferentes trazos y marcas para trasladar las fases del plumaje en esta desaliñada cría de loro.

UN TRUCO ÚTIL

En los dibujos con personalidad, se presta especial atención a un único aspecto como las marcas de iluminación, la textura, la musculatura o la elegancia.

21

NUEVOS PUNTOS DE VISTA

Dibujar perfiles es una buena práctica para estar familiarizado con distintos animales y sus proporciones, pero hay otros puntos de vista que revelan más sobre la constitución de una criatura, su articulación, su personalidad, su carácter y un largo etcétera. Al trabajar con fotografías y descomponer el animal en distintas formas abstractas el proceso no tiene por qué ser necesariamente complejo.

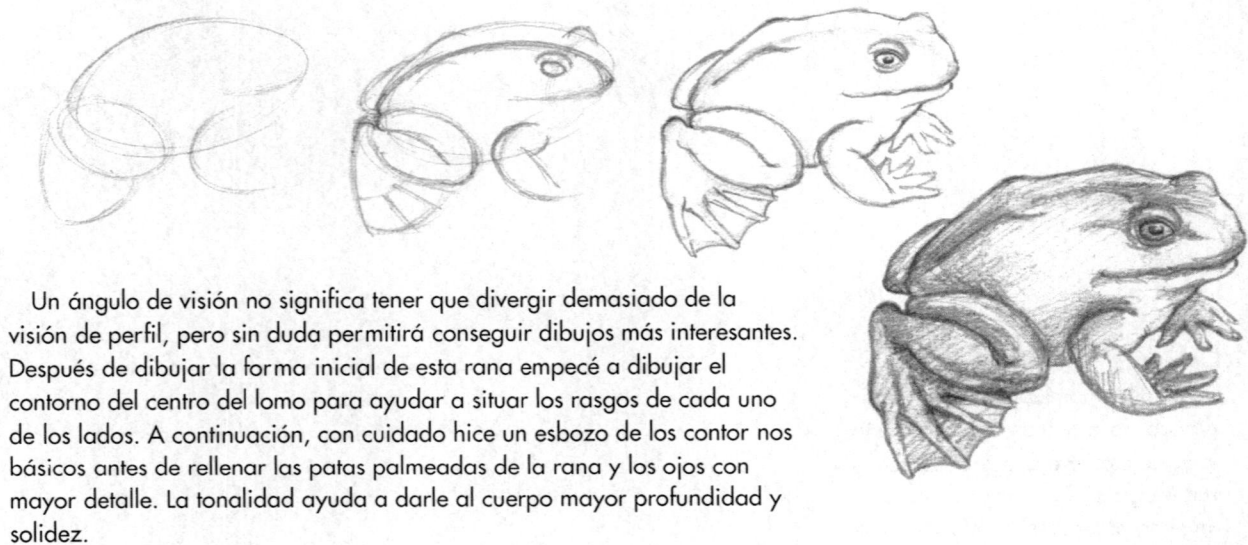

Un ángulo de visión no significa tener que divergir demasiado de la visión de perfil, pero sin duda permitirá conseguir dibujos más interesantes. Después de dibujar la forma inicial de esta rana empecé a dibujar el contorno del centro del lomo para ayudar a situar los rasgos de cada uno de los lados. A continuación, con cuidado hice un esbozo de los contor nos básicos antes de rellenar las patas palmeadas de la rana y los ojos con mayor detalle. La tonalidad ayuda a darle al cuerpo mayor profundidad y solidez.

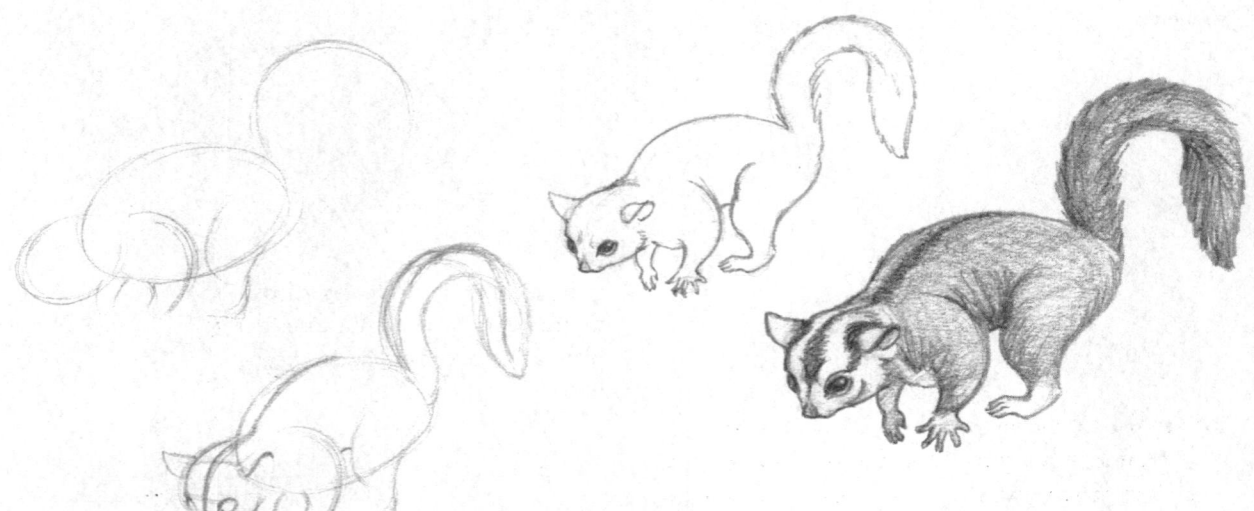

Una vez más dibujar una línea central fue muy valioso para dibujar la cabeza de la ardilla voladora. También me ayudó a dibujar la cola. Para el acabado, he decidido centrarme en los trazos y el tono local. He mantenido unas tonalidades mínimas, solo con unos pequeños toques para transmitir la sensación de solidez.

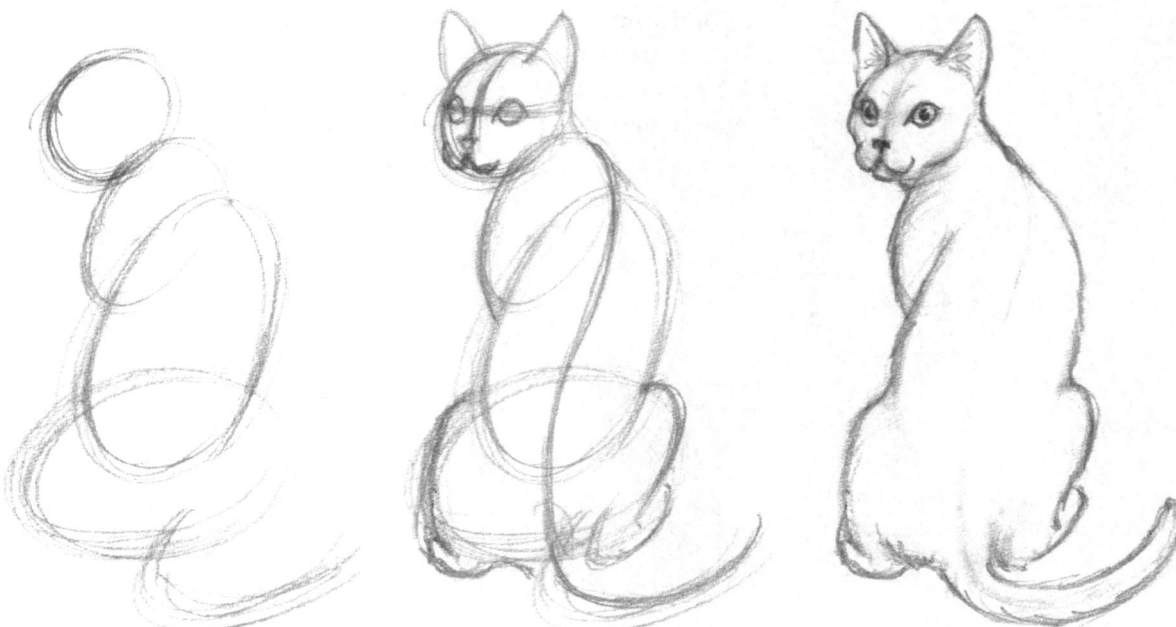

Esta visión trasera de un gato es una pose característica que sin duda presenta retos para el dibujante. Al no poder contar con los detalles distintivos de las articulaciones, el resultado puede carecer de forma. Después de marcar las formas esenciales, con cuidado dibujé la línea central para que simulase el recorrido de la columna. De este modo pude analizar y dibujar las curvas sutiles del cuerpo. Para acabar el dibujo, la luz y las sombras ayudan a describir los contornos retorcidos del gato así como los trazos en el sentido del pelaje.

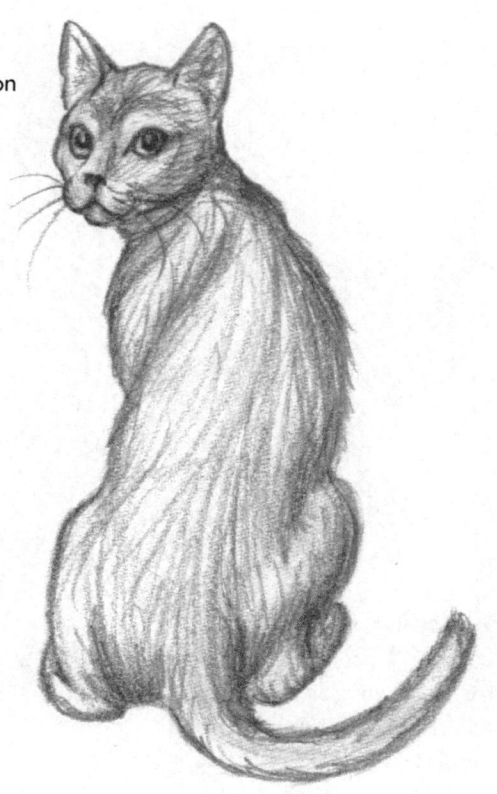

UN TRUCO ÚTIL

Hacer esbozos partiendo de adornos y peluches nos ofrece la oportunidad de estudiarlos desde todos los ángulos y tener mayor experiencia desde puntos de vista complicados.

MÁS MATERIALES

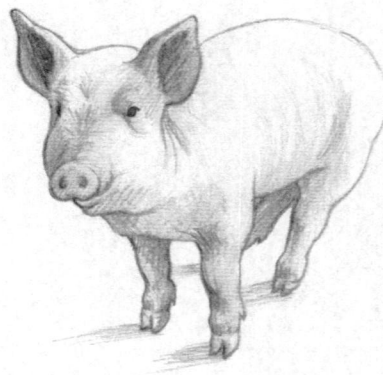

Los distintos materiales pueden resaltar diferentes cualidades o añadir impacto e interés visual a los dibujos. Cada medio tiene sus fortalezas y limitaciones particulares. Para averiguar qué es lo que mejor te funciona, practica con una amplia variedad de animales.

Lápiz

Pese a toda su versatilidad y funcionalidad, el lápiz no posee el impacto gráfico ni de textura de otros materiales.

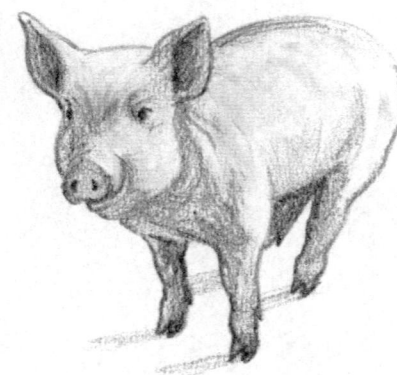

Grafitos

Este tipo de lápices están compuestos por una barra gruesa de puro grafito blando. Realiza marcas fuertes y es un placer para dibujar aunque no es el material ideal si se quieren retratar objetos pequeños, como en el caso de este cerdito. Sin una punta afilada es difícil ser preciso, aunque puede ser un medio gráfico vigoroso.

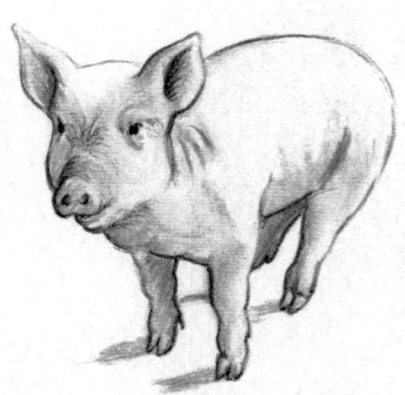

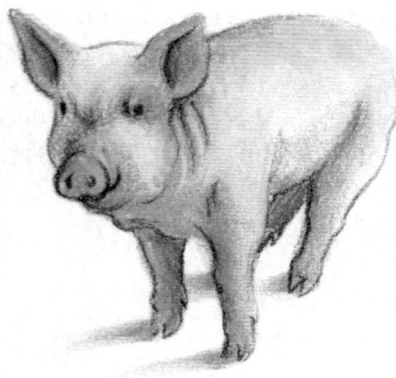

Pasteles

Los pasteles tienen cualidades similares al carboncillo pero se fabrican en una amplia gama de colores y tonos que pueden mezclarse y fusionarse con facilidad. Aquí he utilizado un gres de tonalidad media y un negro con algunos toques de blanco para darle un tono más claro cuando lo he creído necesario. El punto negativo es que es difícil conseguir precisión en dibujos pequeños.

Carboncillo

El carboncillo, con sus tonos oscuros, crea sombras con rapidez, que, además, se pueden corregir con rapidez o eliminarse con una goma. También se puede suavizar o mezclar con la yema del dedo.

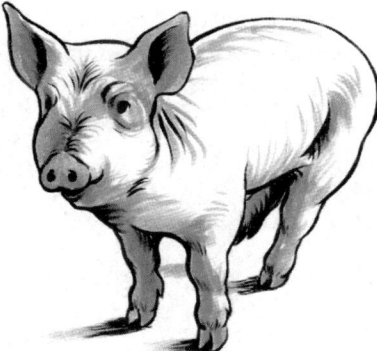

Rotuladores

Utilizar tinta requiere realizar marcas seguras y atrevidas. Los rotuladores no son el material más sutil y tienden a transmitir una calidad gráfica que es más adecuada para algunos temas que para otros.

Los rotuladores que he utilizado aquí tienen una punta parecida a la de un pincel y realizan unas líneas agradables y desiguales. He utilizado un color negro para el contorno y gris para dar las formas más rudimentarias.

Acuarela

La acuarela es un medio extremadamente sensible y versátil que requiere mucha práctica para dominarse. Intencionadamente pinté este ejemplo muy rápido. Utilicé un negro muy diluido para las sombras, que suavicé en los bordes con un pañuelo de papel. Una vez seco, utilicé la misma acuarela de nuevo para crear los tonos a base de capas. Después seleccioné algunos detalles y realicé el contorno con un pincel de punta fina. Se pueden conseguir efectos similares con tinta diluida o incluso con café.

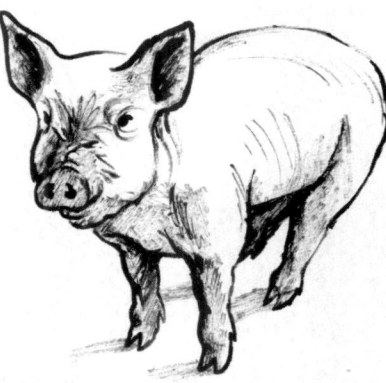

Pluma de bambú

Una herramienta excelente para conseguir atrevimiento en los dibujos es la pluma de bambú. En efecto se trata de una caña de bambú a la que se le ha dado forma y que se moja en tinta. Cuando está totalmente cargada, la línea es gruesa y ondulante. A medida que se acaba la tinta, la pluma produce trazos más rayados que aportan tonalidades o textura.

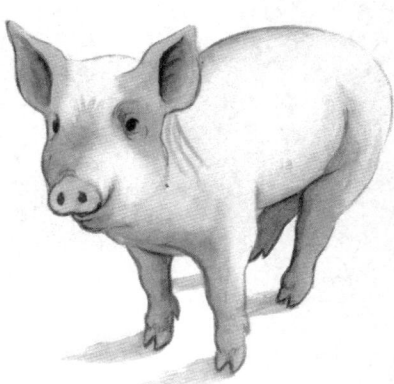

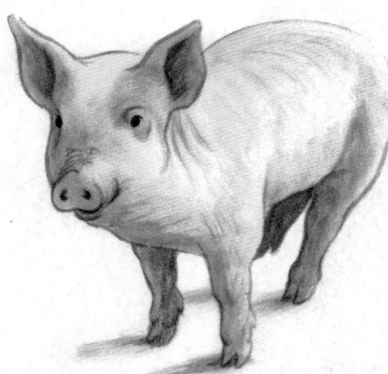

Pincel seco

Esta técnica utiliza un pincel rígido de cerdas cargado con acuarela diluida o tinta y después se seca con un pañuelo de papel. Las marcas llevan la textura de las cerdas y trasmiten un pelaje o un pelo de manera sugerente. También es fácil crear tonos sensibles. Para este ejemplo he cambiado a un pincel fino para acuarelas para añadir detalles.

UN TRUCO ÚTIL

Dependiendo del material que se emplee también habrá que seleccionar un papel apropiado. Un papel de textura ligera ofrece un buena base para el grafito y la tiza. Los rotuladores suelen funcionar mejor en papel con brillo. Cuanto más pesados sean los materiales más robusto tendrá que ser el papel, sobre todo si se trabaja con agua.

ESTUDIOS CON CARBONCILLO Y PASTEL

Cuando hayas dominado el arte de analizar y dibujar las formas animales podrás aproximarte al tema con suficiente confianza como para realizar dibujos más atrevidos y expresivos. Aquí hay un par de ejemplos de dibujos con carboncillo y con pastel que se han hecho de forma rápida, sin superar los 20 minutos en cada dibujo.

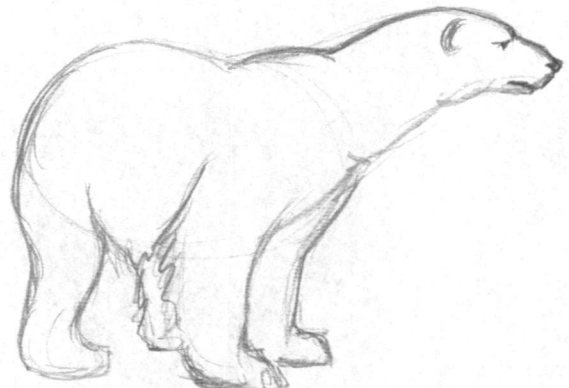

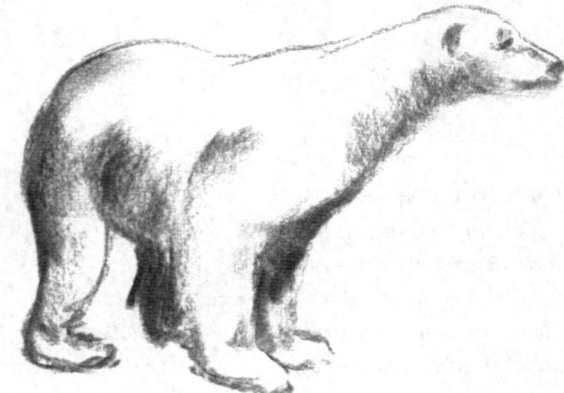

Paso 1

Si todavía no estás muy seguro de tus dibujos animales podrías hacer un dibujo inicial con lápiz en un papel que no sea el definitivo para ver las formas básicas. Dibuja el contorno en un tono oscuro, con un lápiz blando.

Paso 2

Pon una hoja nueva de papel encima del borrador que has hecho para ver con claridad el contor no y poder copiarlo. Aquí he utilizado el lateral de un trocito de carboncillo para dibujar las áreas de sombra. Con la punta del carboncillo después tracé con cuidado el contorno de la parte superior del oso.

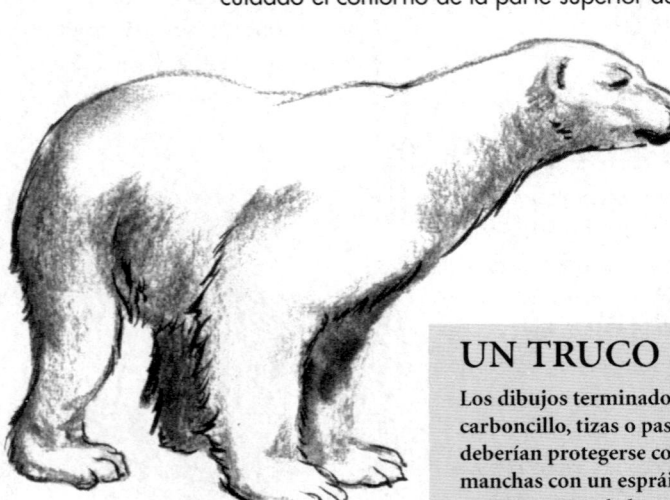

Paso 3

Para acabar el dibujo utilicé un rotulador para definir algunos bordes pronunciados y para añadirle detalles en la cabeza y las pezuñas. Intenta no pasarte con los detalles, añadiéndolos solo donde sean necesarias más aclaraciones. Con el borde de una goma limpia, con cuidado, limpié algunas marcas de carboncillo que no estaban bien.

UN TRUCO ÚTIL

Los dibujos terminados con carboncillo, tizas o pasteles deberían protegerse contra las manchas con un esprái fijador de artista, aunque la laca tiene prácticamente la misma función y es mucho más barata. También se puede fijar un dibujo en varias fases mientras se sigue trabajando.

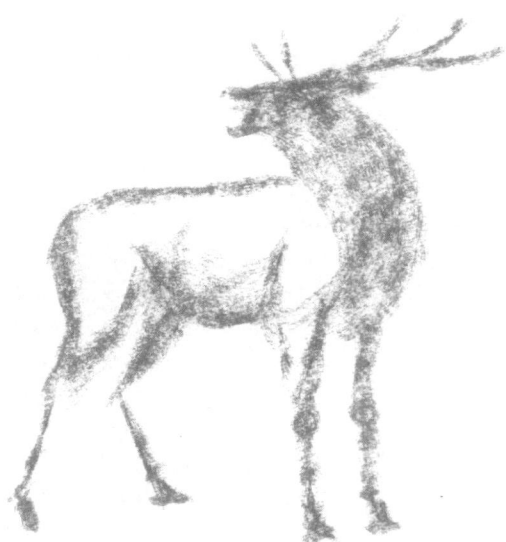

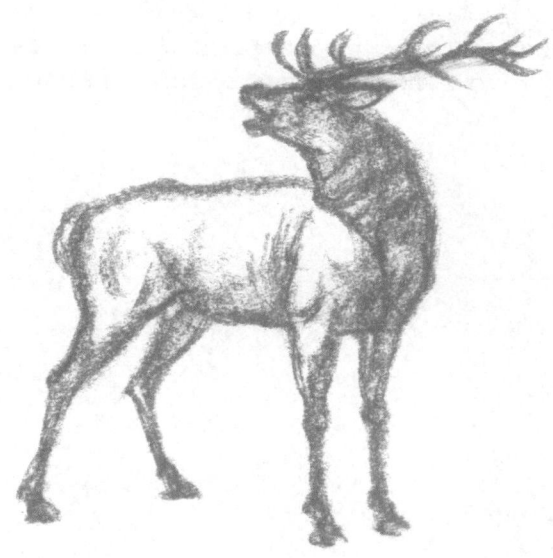

Paso 1

Prefiero saltarme el dibujo con lápiz y trabajar directamente con pasteles. Si me sale muy mal, vuelvo a empezar de nuevo. Aquí he utilizado un pastel de tono gris medio, una vez más roto en un pequeño trozo y utilizado de lado. Como hice con el oso, he intentado transmitir la tonalidad y el contorno con un movimiento único mientras trasladaba únicamente las formas elementales del ciervo.

Paso 2

Con el extremo del pastel, después dibujé con más detalles y profundidad los tonos donde lo creí necesario. Mientras tanto observé la fotografía y corregí la forma a medida que iba avanzando. Podría haber dejado ya el dibujo terminado en esta fase pero pensé que tenía que transmitirle mayor personalidad y solidez.

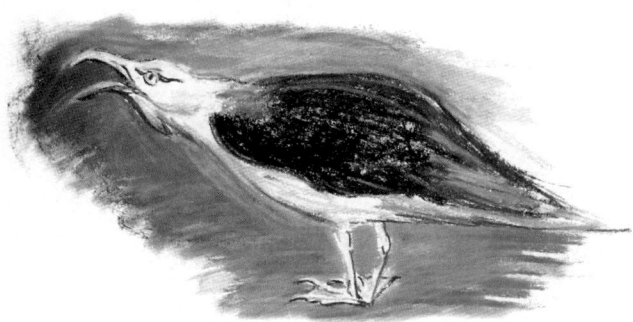

Los pasteles también pueden producir ricas y profundas áreas de tono y hacer que el dibujo sobresalga. Este estudio de una gaviota muestra su potencial para dibujarlo con vigor.

Paso 3

Utilicé el final del carboncillo para añadir unos cuantos detalles y adornos. También utilicé el carboncillo con el lateral para darle mayor profundidad a algunas áreas de tono. Tuve que tener mucho cuidado al borrar las marcas sobrantes para evitar manchar el dibujo.

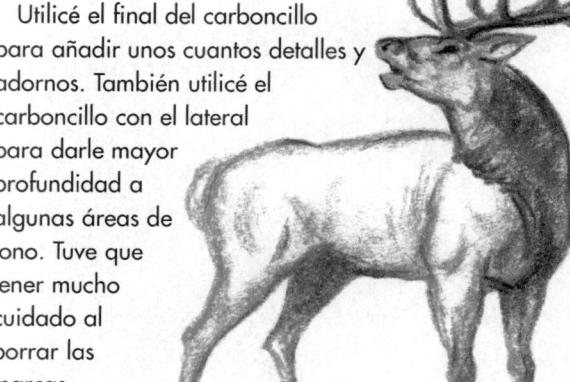

ESTUDIOS CON ACUARELAS

Las acuarelas o la tinta diluida presentan muchas posibilidades para acabar los dibujos. Aquí muestro un ejemplo muy sencillo y otro mucho más trabajado. A la hora de emplear cualquier medio que requiera agua hay que recordar utilizar un papel grueso.

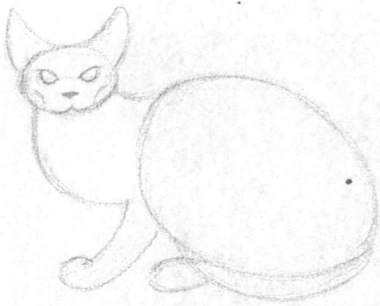

Paso 1

Para este sencillo dibujo he empezado marcando las formas básicas con un lápiz. Después ya he dejado que el pincel hiciese su trabajo.

Paso 2

Con un pincel medio de acuarelas y una acuarela negra muy diluida redefiní el contorno y rellené las grandes masas de tono. Antes de que el dibujo se secase, utilicé un pincel húmedo para suavizar los bordes y mezclar los tonos. Después utilicé una acuarela más oscura para pintar las marcas. Una vez seco el dibujo, borré las líneas realizadas con lápiz.

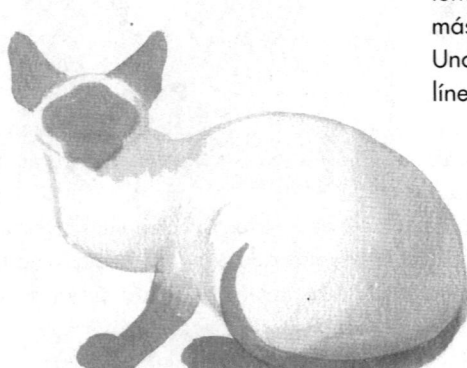

Paso 3

Añadí unos cuantos detalles con una mezcla más oscura y continué suavizando los bordes a medida que iba acabando el dibujo. Unas cuantas pinceladas de tinta blanca resaltaron los reflejos alrededor de los ojos.

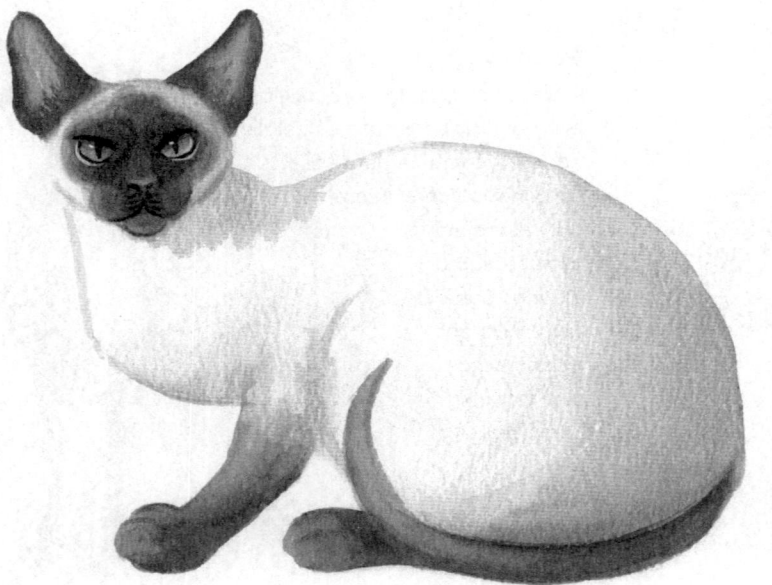

UN TRUCO ÚTIL

Si eres impaciente y te cuesta esperar a que se sequen los dibujos, un secador acelerará mucho el proceso.

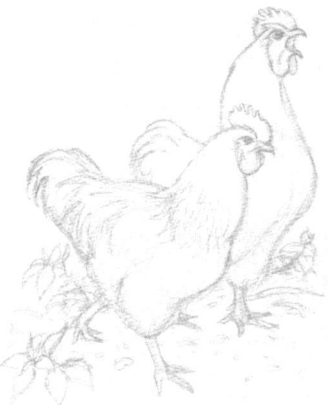

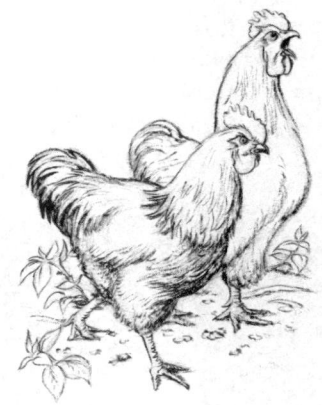

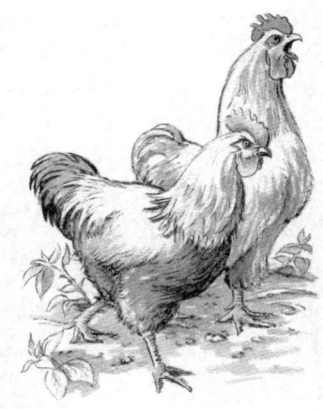

Paso 1

Realicé este boceto preliminar bastante detallado basándome en dos fotografías independientes. Unos cuantos detalles en el fondo me ayudaron a unir las gallinas en un único entorno.

Paso 2

Con tinta negra resistente al agua y un pincel para acuarela establecí con firmeza los contornos y los tonos más oscuros. Gran parte de la tinta la apliqué con el pincel casi seco para conseguir la textura de plumaje.

Paso 3

Después de borrar las marcas de lápiz, utilicé un par de capas de acuarela negra diluida para rellenar las zonas grandes de tono y después ir desarrollando la textura. Si hubiese querido hacer un dibujo rápido, ya habría acabado en esta fase.

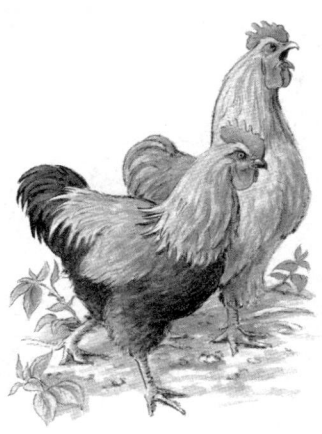

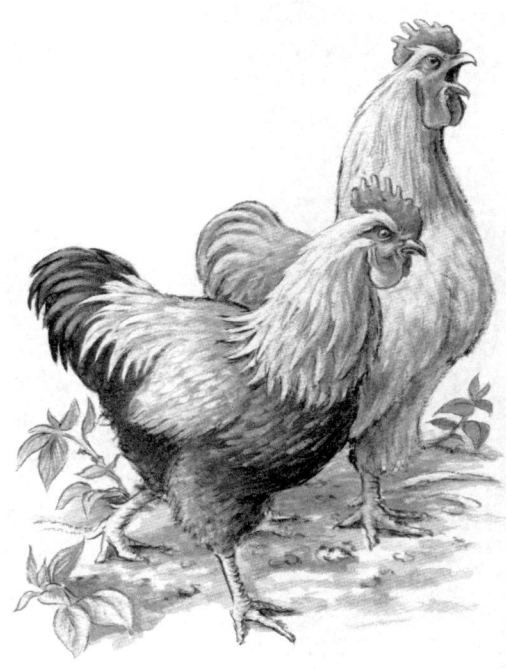

Paso 5

Para aportarle vida al dibujo he utilizado la tinta blanca y un pincel fino para añadir reflejos y brillos. En algunos puntos he aplicado la tinta sin rebajar mientras que en otros la he diluido para reflejar el lustre y la textura de las plumas.

Paso 4

Como me he decantado por un enfoque más acabado, he utilizado más acuarelas para describir los tonos locales del plumaje. En comparación con el dibujo anterior podemos ver que da un aspecto más sólido.

PAPEL CON TONO

Hay muchas ventajas al trabajar con papel gris o coloreado (con fondos de colores). El tono del papel aporta mucho trabajo hecho en relación a las sombras y los reflejos se mostrarán con mayor protagonismo y claridad. Utilizar el tono del papel con efectividad requiere un poco de planificación por adelantado ya que es importante seleccionar el tono correcto para la temática.

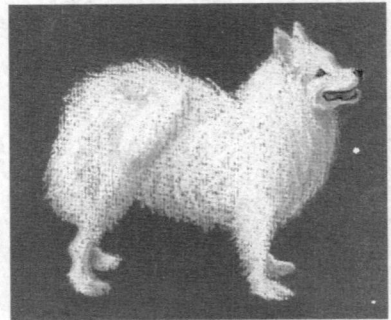

Texturas como el pelaje y las plumas son fáciles de describir cuando se dibuja con un tono claro sobre uno oscuro. Este esponjoso perrito quedó retratado rápidamente con tonos pasteles grises y blancos, difuminados, y con toques de carboncillo.

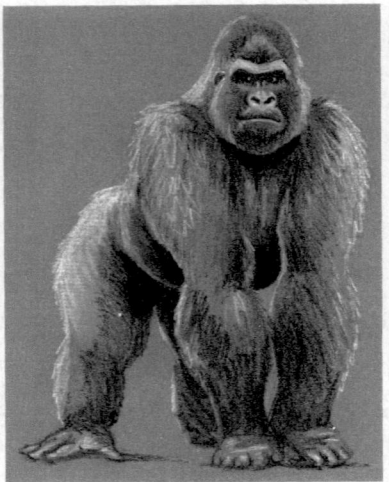

Para dibujar este gorila he utilizado un lápiz muy blando y he apartado las sombras de forma general siguiendo la dirección del crecimiento del pelo. Antes de aplicar los reflejos, borré parte del grafito brillante para permitir que el lápiz blanco tuviese una superficie limpia sobre la que pintar.

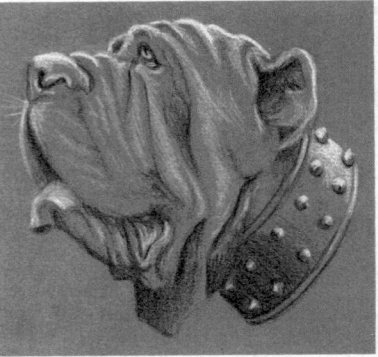

Para evitar el problema del grafito brillante, aquí he utilizado lápices de color gris para las marcas básicas y la tonalidad. Después ya he utilizado un lápiz blanco con bastante libertad para dar forma a las arrugas del perro, reservando las marcas más brillantes para la iluminación en lo alto de la cabeza.

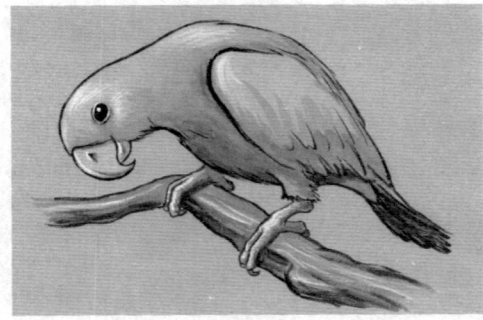

Junto con el contorno, la tonalidad del papel hace gran parte del trabajo en el dibujo de este periquito. Para darle más tono basta con unas cuantas pinceladas de acuarela y unos reflejos de tinta blanca diluida.

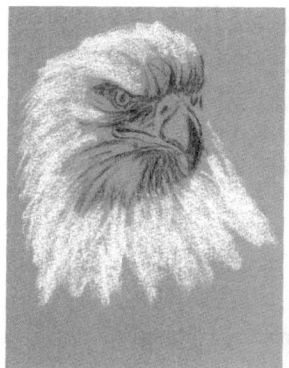 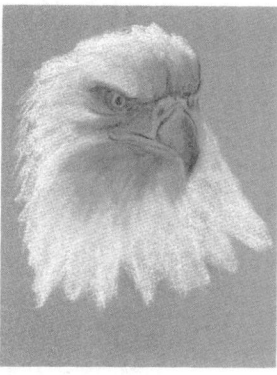 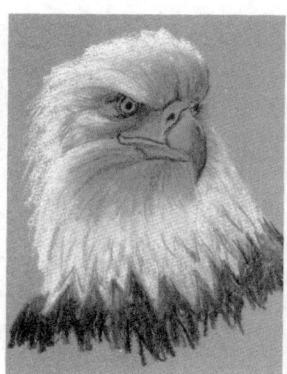 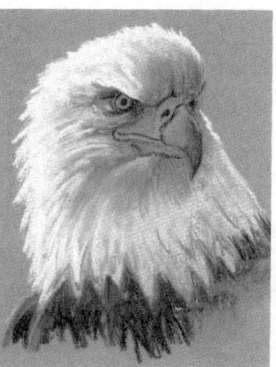

Paso 1

Empecé este dibujo haciendo unas rápidas líneas en borrador de los rasgos de la cara y las partes más sombrías con carboncillo. Trasladé a grandes rasgos la forma de la cabeza y las principales áreas de luz con el lateral de un trocito de tiza blanca.

Paso 2

Con la punta del dedo, difuminé la superficie y mezclé la tiza con el carboncillo. Ya tenía una buena base a partir de la cual trabajar más los detalles.

Paso 3

Aquí he utilizado el carboncillo una vez más para redefinir el dibujo y añadir algunos rasgos sobre la textura de las plumas. También he dibujado un poco las plumas del cuello para darle más peso al dibujo.

Paso 4

Presionando fuerte con la punta de la tiza realicé las marcas más atrevidas que sobresalen del dibujo difuminado, aportando mayor luminosidad en el lateral y en la parte superior de la cabeza. Se puede ver también que con el puño de la camisa sin querer he borrado la parte inferior del dibujo (un aspecto que hay que tener en cuenta).

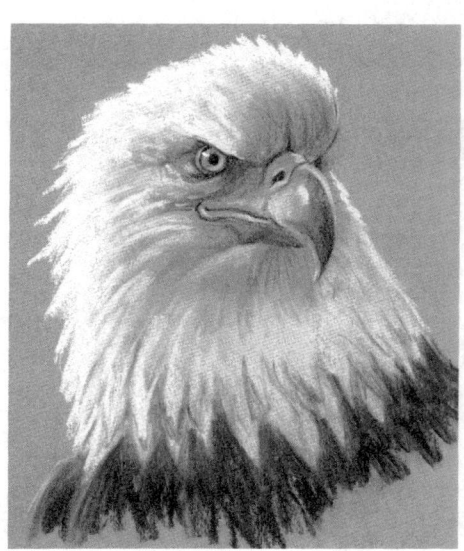

Paso 5

Aquí me he limitado a hacer unos retoques y ya he pasado a la parte más divertida, que es añadir detalles con fuerza en la cara para que el dibujo aporte el espejismo de brillo. Lo único que me quedaba ya es arreglar las marcas más borradas en los bordes y darle un esprái fijador.

UN TRUCO ÚTIL

Para los detalles más minuciosos, se puede modelar el carboncillo con un cuchillo afilado. En vez de darle una forma similar a la de un lápiz el carboncillo funciona mejor si se afila solo en un lateral, como si fuese una pluma antigua. Cuidado al afilar, ya que hay que hacerlo siempre separado del cuerpo.

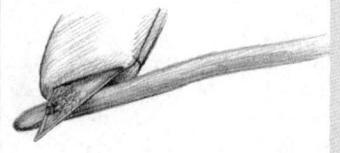

UNA MINUCIOSA OBSERVACIÓN

    Aunque las fotografías son muy útiles, no hay nada como dibujar a partir de seres reales tridimensionales para realizar observaciones detalladas e ir mejorando las capacidades pictóricas. Es una excelente práctica dibujar a partir de animales disecados, como los que encontramos en muchos museos de arte natural. Estas muestras ofrecen la oportunidad de realizar un estudio de cerca que no suelen permitir ni los animales reales ni las fotografías. Los ejemplos de las siguientes páginas han sido dibujados en la visita a un museo local.

Quizás los pequeños detalles sean los que te atrapen, como las garras de esta zarigüeña. Como ocurre con las manos de las personas, las garras pueden transmitir mucha personalidad al dibujo, así que vale la pena fijarse en estos detalles, que no siempre pueden verse en las fotografías.

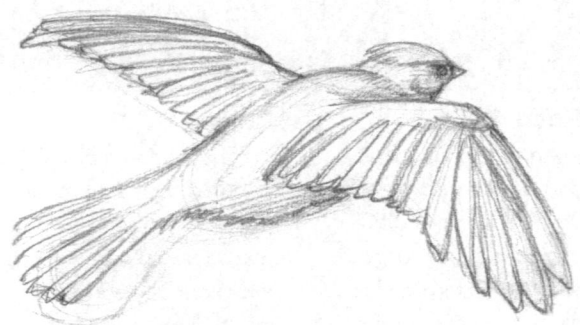

Para dibujar aves con realismo, el artista debería conocer la disposición de las plumas, que no siempre queda clara en las fotografías. Puesto que la mayoría de los pájaros siguen patrones similares, estudios como este pueden servir para aclarar dificultades posteriores en el dibujo.

UN TRUCO ÚTIL

Para hacer un esbozo, por ejemplo en un museo, lo mejor es llevar un bloc de dibujo con contratapa dura de tamaño A4. Será un tamaño manejable para transportarlo con facilidad pero aun así nos concederá una buena superficie de trabajo y apoyo.

Las cabezas de los felinos son muy poderosas y expresivas. Realizar un boceto siempre compensa al hacer dibujos bien acabados y, sin duda, al retratar estas formas tan fuertes se disfruta mucho.

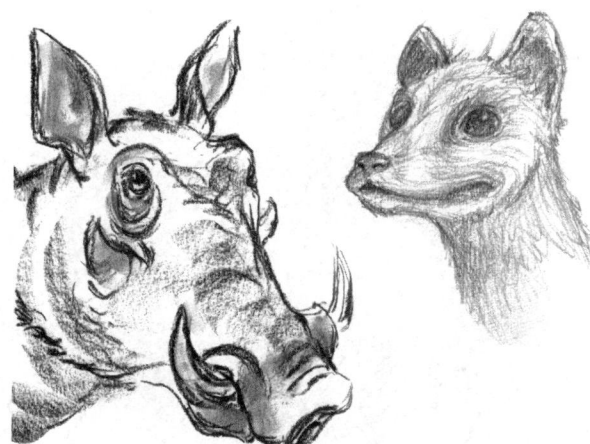

Acercarse a un modelo permite realizar dibujos detallados. En este he querido mostrar la dirección del crecimiento del pelo, que será útil para hacer futuros dibujos de animales.

He hecho el dibujo básico de este jabalí verrugoso para divertirme, ya que tiene un contorno muy interesante. El carboncillo sobre papel me ha parecido el medio apropiado para darle esa textura de piel tosca. En este paso no he borrado los errores, sino que me he limitado a difuminarlos con el dedo.

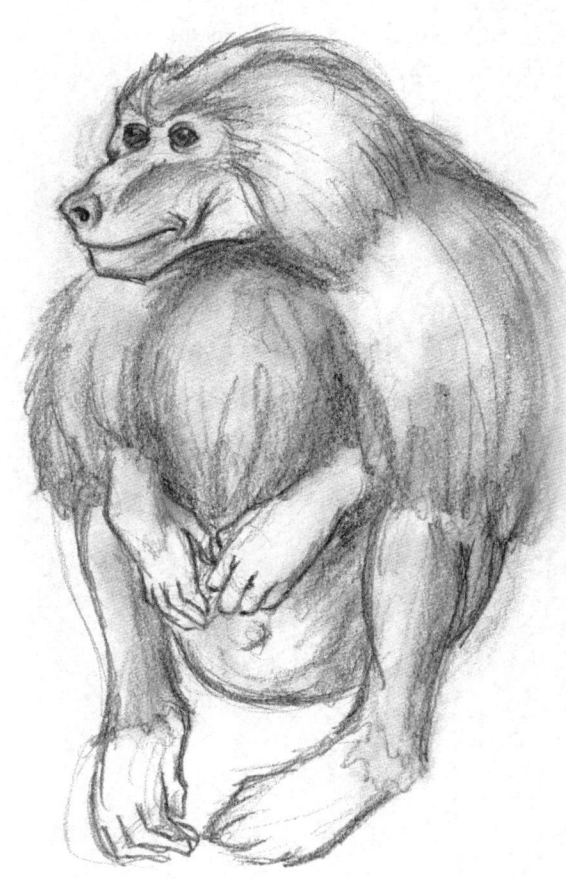

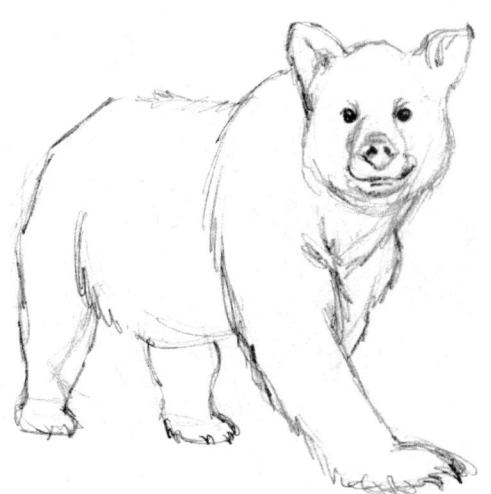

La textura del pelaje es muy importante aquí, donde el dibujo es más impresionista que detallado. Lo he dibujado con un grafito blando y después he difuminado el pelaje con la yema del dedo para darle ese aspecto esponjoso. Después he trabajado en la cabeza con la punta del grafito para darle esas marcas angulares.

La experiencia de dibujar a partir de un modelo es muy distinta a la de trabajar a partir de fotografías. Incluso los esbozos tan sencillos como este ofrecen una gran práctica de dibujo.

Observando fotografías e ilustraciones de animales enseguida uno se da cuenta de lo limitados que resultan los ángulos de visión. En un museo, pude elegir el ángulo que quise para dibujar este rinoceronte, de modo que acabó en un inusual estudio visto desde atrás. En el dibujo de la derecha intenté captar la impresión de la textura mediante una combinación de marcas y sombras.

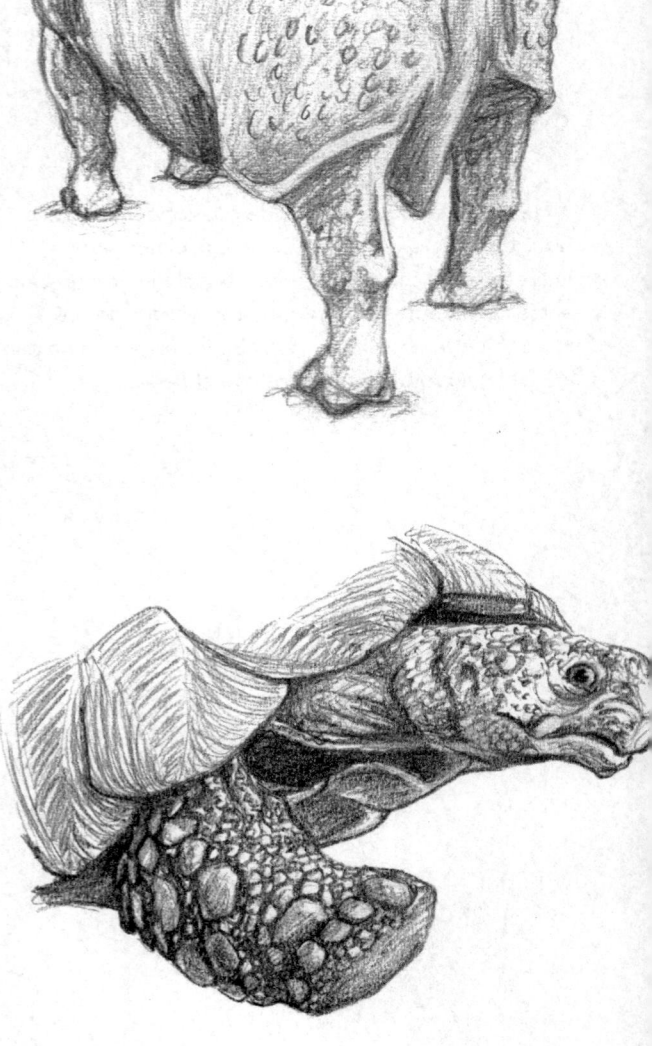

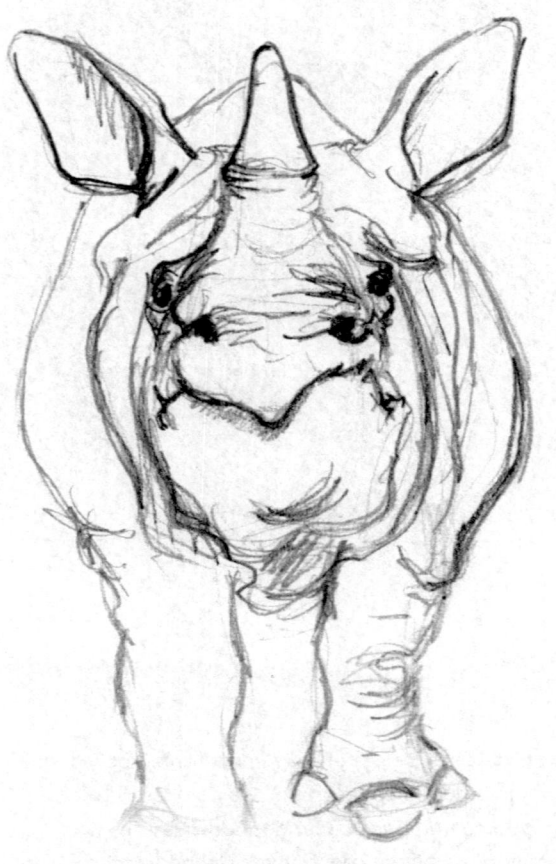

Para dibujar la textura de la piel de esta tortuga utilicé un lápiz blando y desafilado, presionando bastante en cada escama para definirla con precisión. Después le di unas sombras más ligeras para ayudar a aligerar las escamas de la superficie.

Enseguida dibujé y sombreé estas pinzas con lápiz HB y después apliqué marcas de textura y contornos con una pluma de dibujo. Es una forma rápida de conseguir textura en un boceto.

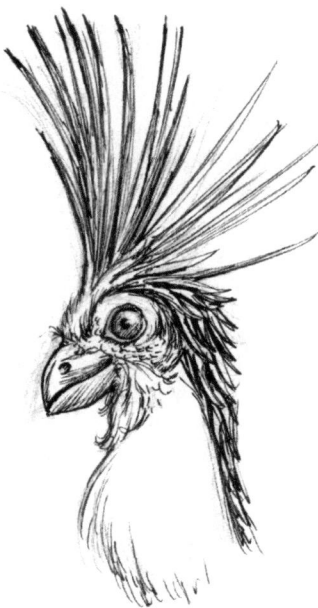

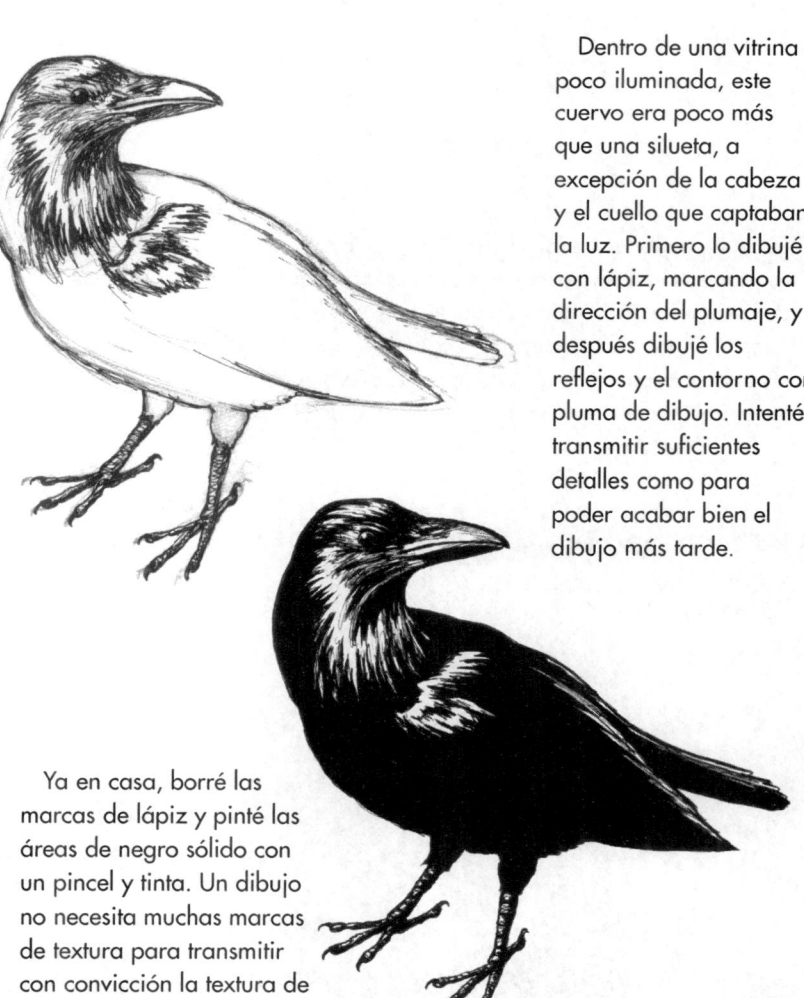

La línea afilada de la pluma de dibujo me pareció un buen medio para trasladar estas puntiagudas plumas. Utilicé un lápiz para dar la forma general y después dibujé los detalles directamente con la pluma, realizando unas marcas deliberadamente ásperas y picudas.

Dentro de una vitrina poco iluminada, este cuervo era poco más que una silueta, a excepción de la cabeza y el cuello que captaban la luz. Primero lo dibujé con lápiz, marcando la dirección del plumaje, y después dibujé los reflejos y el contorno con pluma de dibujo. Intenté transmitir suficientes detalles como para poder acabar bien el dibujo más tarde.

UN TRUCO ÚTIL

Visita los museos naturales en horas en las que no estén muy concurridos: por ejemplo, cuando los niños estén en el colegio, porque si no te interrumpirán o serás un obstáculo para los visitantes. Es posible que tengas que pedir permiso para dibujar antes de empezar.

Ya en casa, borré las marcas de lápiz y pinté las áreas de negro sólido con un pincel y tinta. Un dibujo no necesita muchas marcas de textura para transmitir con convicción la textura de la totalidad.

DIBUJAR ANIMALES DE CARNE Y HUESO

Dibujar con modelos disecados es una buena preparación para enfrentarse a uno de los mayores retos: los animales vivos. Resulta útil adoptar la visión correcta. La práctica suele limitarse a extraer impresiones, a familiarizarse con los animales en vez de realizar dibujos acabados en una sesión. Tienes que pensar en tu bloc de dibujo como si fuese un diario personal que nadie tiene que ver, un espacio en el que ir recopilando información, donde cometer errores y hacer falsos comienzos para poder ampliar tu desarrollo artístico.

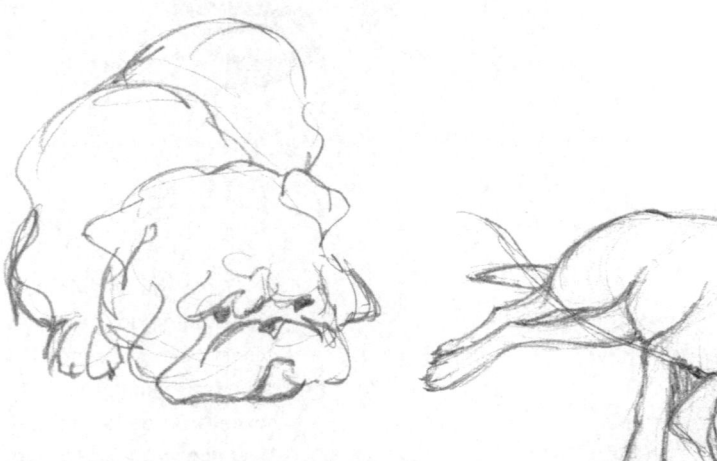

Si un animal está cansado o aburrido, normalmente no se moverá mucho, así que intenta que tu actividad de dibujo no le cree interés. Dibujé el bulldog de la izquierda en un concurso de perros, cuando el pobre ya llevaba horas esperando. El labrador era un perro guía joven que seleccioné por su buen carácter. Se tumbó en el suelo de una cafetería y no movió un músculo mientras lo dibujaba.

Aunque puede ser de forma errática, hay muchas circunstancias en las que los animales permanecen relativamente estáticos y nos ofrecen la posibilidad de dibujarlos. Ahora bien, incluso las criaturas sedadas no permanecerán quietas mucho tiempo, así que hay que darse prisa y estar dispuesto a abandonar el dibujo cuando el animal deje de cooperar.

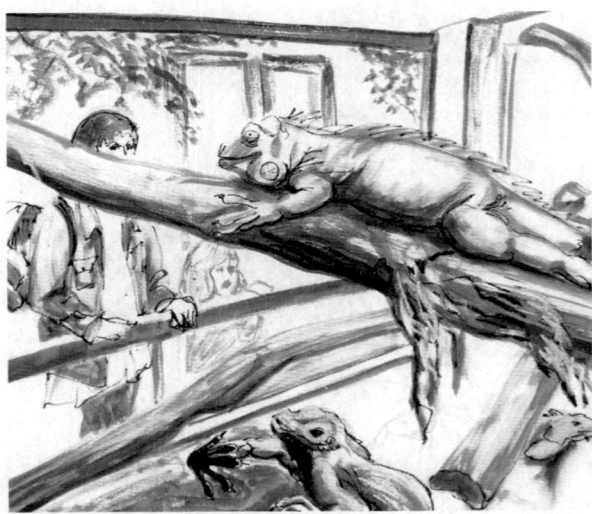

En el zoológico, los animales muchas veces se están quietos durante un periodo prolongado. Para dibujar esta iguana utilicé un rotulador de tinta permanente y tinta rebajada en agua aplicada con un pincel ancho.

Los loros los dibujé muy rápido con carboncillo y después añadí un poco de lápiz soluble en agua y mezclé los tonos con un pincel y agua.

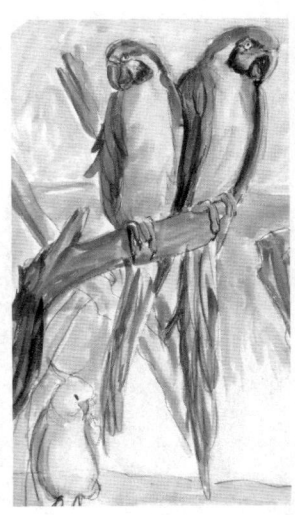

La comida siempre ayuda a que los animales se queden quietos en un lugar. Observé a esta leona desgarrando vigorosamente carne y entonces hice gran parte del dibujo, sin quitarle la vista de encima. Con la forma básica, después intenté reflejar el movimiento del animal y captar suficiente información como para añadir detalles. No es un dibujo preciso, pero trasmite la actitud del animal.

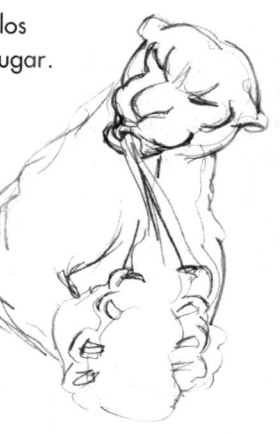

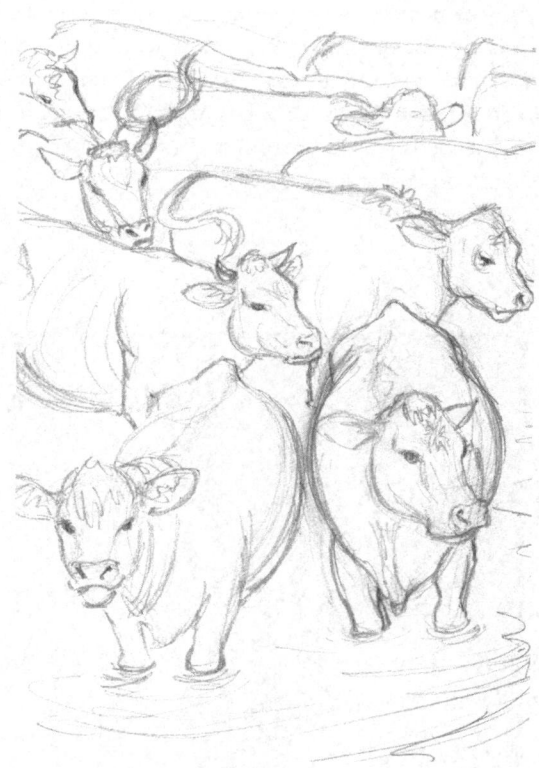

En un día caluroso, estas vacas estuvieron mucho tiempo en un estanque refrescándose. Intenté dibujarlas plasmando sobre todo a los animales que encabezaban el grupo y después trabajando ya hacia atrás, rellenando los huecos. Las vacas movían mucho la cabeza y me costó mucho observarlas.

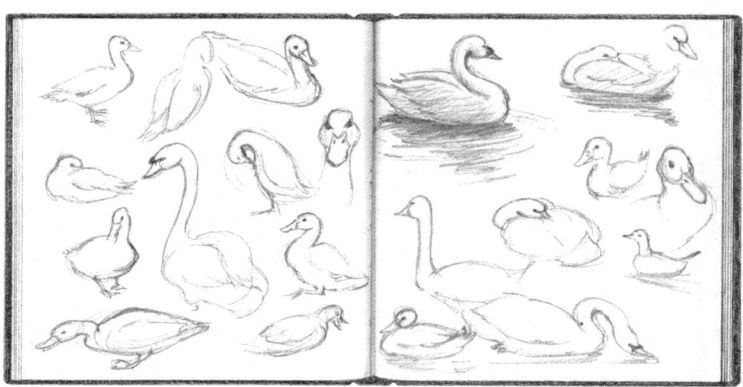

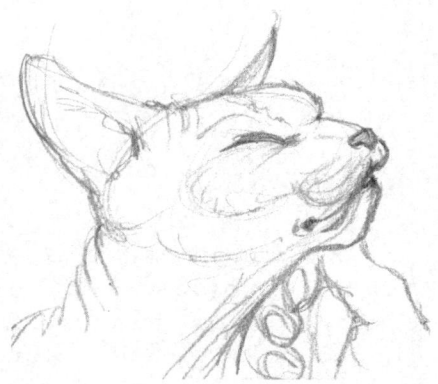

Las aves acuáticas no se quedan quietas, de modo que es difícil observarlas. Una buena forma para dibujarlas es trabajar con varios dibujos al mismo tiempo. Cuando un ave se mueva, deja el dibujo y trabaja en otra ave. Enseguida otra adoptará una pose similar que te permitirá completar el primer esbozo.

Una mascota animada puede quedarse tranquila un rato sentada si se la acaricia o se le dan mimos.

El nivel de dificultad que presenta dibujar animales que se compor tan de manera natural viene determinado por el animal que se escoja. Incluso un artista acostumbrado a retratar la fauna tendría dificultades para obser var y retratar animales entre la maleza. Por eso, conviene decantarse por animales que sean visibles en gran número y que estén familiarizados con las personas. Por esa razón, el ganado de una granja me pareció un lugar ideal para hacer estos dibujos.

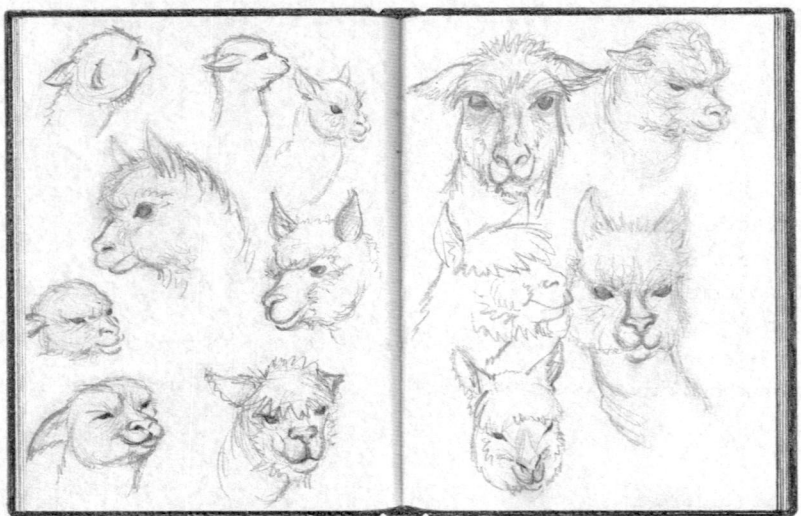

De naturaleza inquisitiva, las alpacas estaban intrigadas por mi presencia y se agolparon a mi alrededor en la granja, dejándome que realizase estos rápidos retratos de distintas alpacas.

Cuando ya se aburrieron y bajó su interés en mí pude trasladar algunas de las poses naturales que adoptaban mientras pastaban y descansaban. Tuve que realizar los dibujos de pie e irme moviendo para seguir sus pasos. Los esbozos más rápidos fueron los de los animales más jóvenes, ya que se movían mucho.

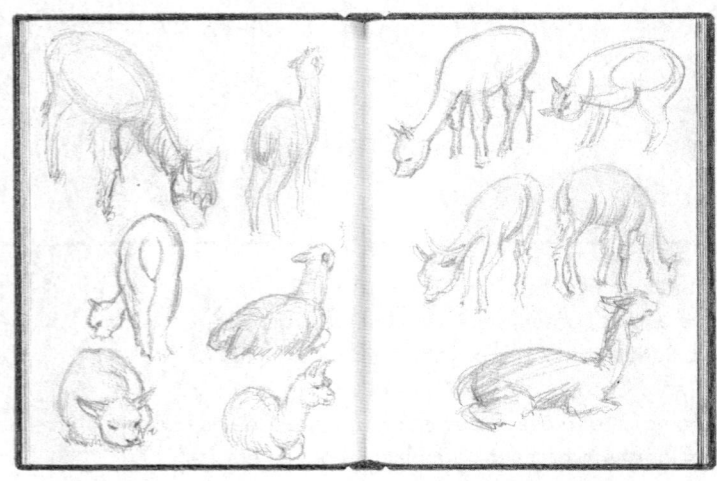

Si se trabaja al aire libre con animales de car ne y hueso lo mejor es aspirar solo a captar la esencia del animal, es decir , la forma general y la postura así como los detalles característicos. Si se recoge suficiente información, más tarde se pueden acabar los dibujos en casa.

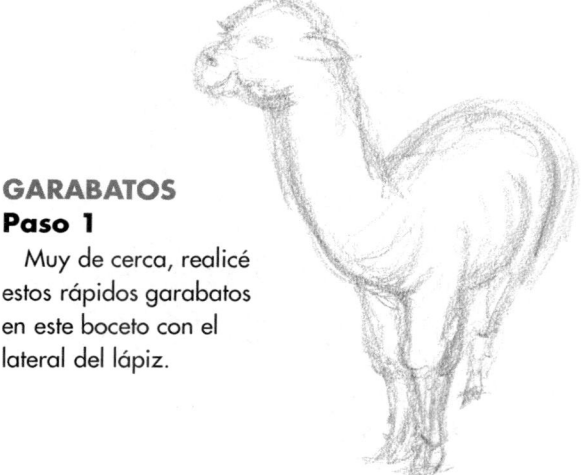

GARABATOS
Paso 1

Muy de cerca, realicé estos rápidos garabatos en este boceto con el lateral del lápiz.

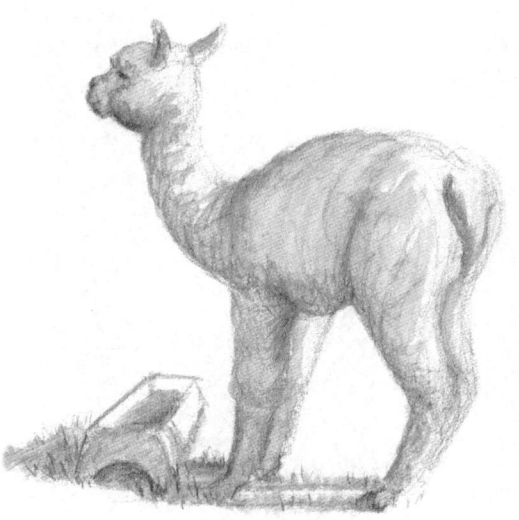

Paso 2

Ya en casa, con las alpacas todavía frescas en la mente, limpié un poco el dibujo y, con la ayuda de otros esbozos, le añadí más detalles y personalidad.

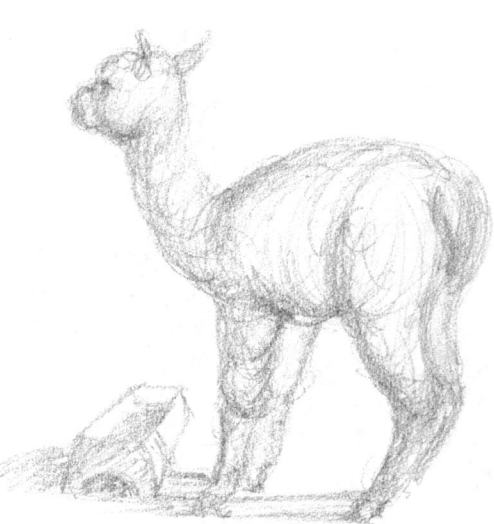

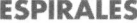

ESPIRALES
Paso 1

Se trata de una buena manera de producir rápidos bocetos con personalidad. Manteniendo el lápiz sobre el papel, se mueve for mando espirales continuas, buscando la forma mientras se observa al animal. El resultado tiene una calidad tridimensional.

Paso 2

Utilizar un lápiz soluble en agua como utensilio para hacer los esbozos me aporta la opción para añadir tono con facilidad si se quiere. Para trabajar con este boceto, sencillamente apliqué agua limpia con un pincel y, cuando se secó, le añadí algunos detalles con el lápiz y borré los bordes con una goma.

MOVIMIENTO Y DIMENSIÓN

No siempre resulta sencillo captar el sentido de movimiento en los dibujos de animales y las referencias a las fotografías resultan, por ello, muy útiles. Ahora bien, también es muy útil observar a los animales en movimiento, en su entorno natural o en una pantalla para entender las características de acción y movimiento en algunas especies. En los dibujos se puede aportar dinamismo con según qué poses, ángulos de visión y exageraciones.

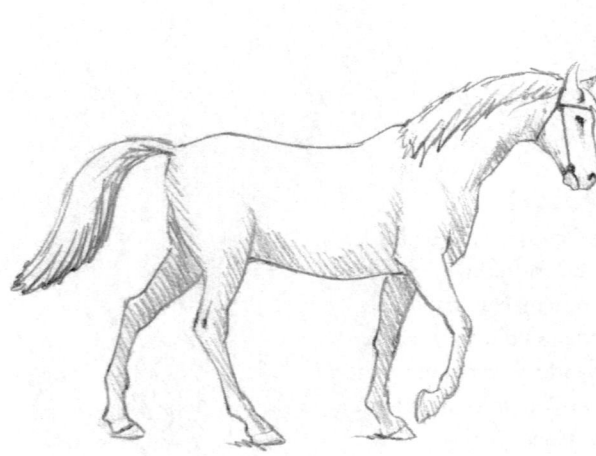

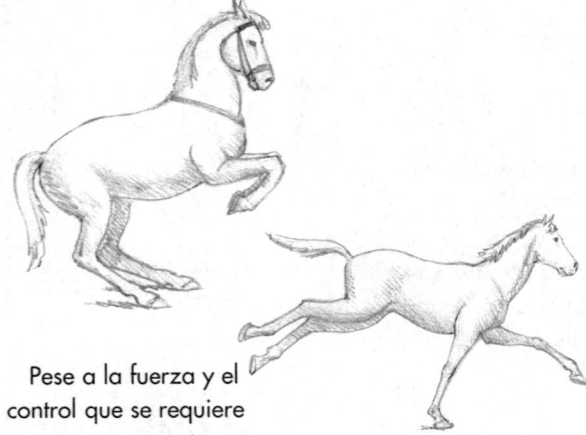

Con solo levantar una pata del suelo ya se sugiere movimiento, aunque por supuesto no se trasmite ni velocidad ni dramatismo.

Pese a la fuerza y el control que se requiere para mantener esta pose, este caballo circense está en un estado de equilibrio y el movimiento que se transfiere es mínimo.

Sabiendo que el caballo no puede mantener poses como esta, un sentido de movimiento hacia delante se transmite claramente al observador. Las patas levantadas, la inclinación hacia delante, la tensión del cuello y la cola al vuelo contribuyen a este efecto.

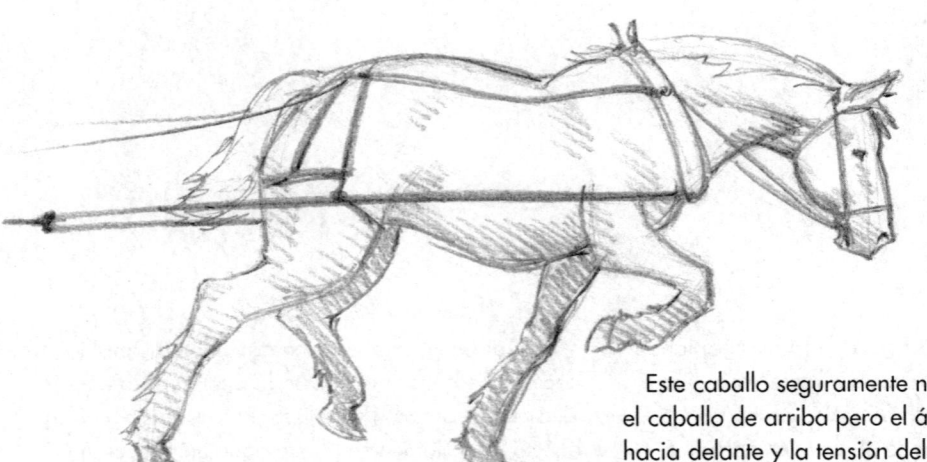

Este caballo seguramente no avanza más rápido que el caballo de arriba pero el ángulo de inclinación hacia delante y la tensión del cuello sugieren que se trata de una actividad que requiere una fuerza considerable.

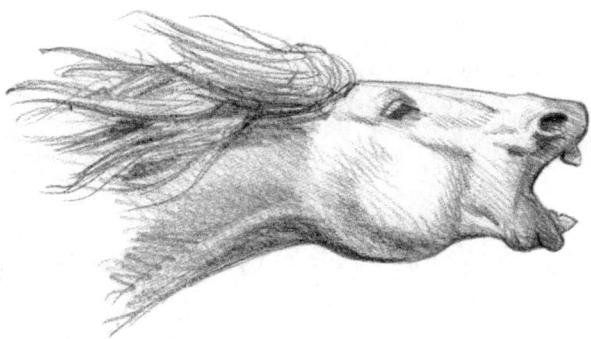

Aquí la tensión muscular cuidadosamente modelada basta para trasmitir un movimiento dramático, pese a que no se muestre el cuerpo del caballo. La melena fluyendo en el aire sugiere que el caballo se mueve hacia delante a gran velocidad.

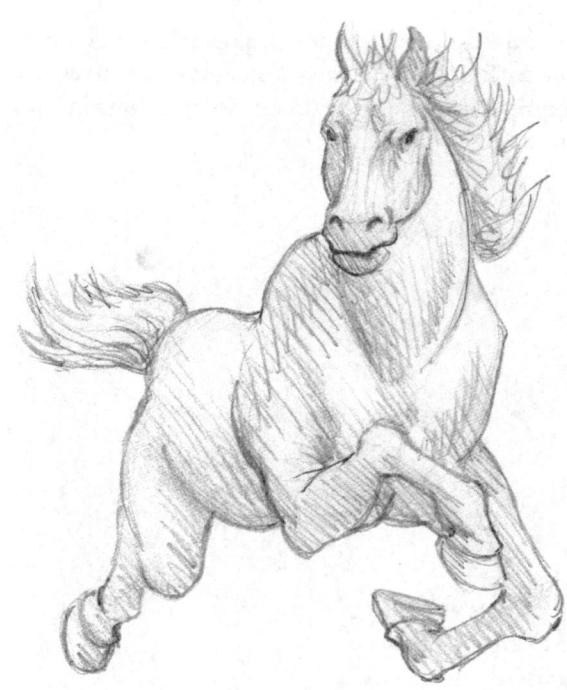

Situar al espectador en medio de la acción también ayuda a crear dibujos dramáticos.

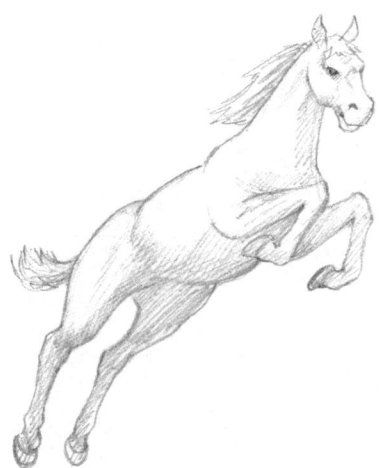

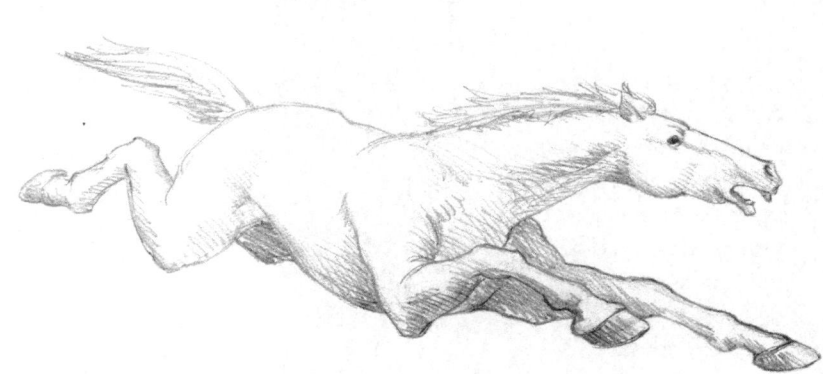

La acción aquí está exagerada adoptando un ángulo de visión bajo. Mirar hacia arriba al animal tiene el efecto de trasmitir estatura y poder.

Este dibujo está elaborado para trasladar el máximo impacto dramático en el observador. Aunque la pose no es nada natural, las proporciones y los detalles son realistas y convencen al espectador, que participa en el engaño.

41

PERSONALIDAD Y EXPRESIÓN

Además de existir una gran variedad de especies, cada animal tiene sus rasgos y personalidad distintita. Si conocemos a una mascota enseguida advertimos sus características particulares, algunas expresiones que suele mostrar y peculiaridades. Captar un «retrato» de un animal puede ser un reto sutil pero muy gratificante.

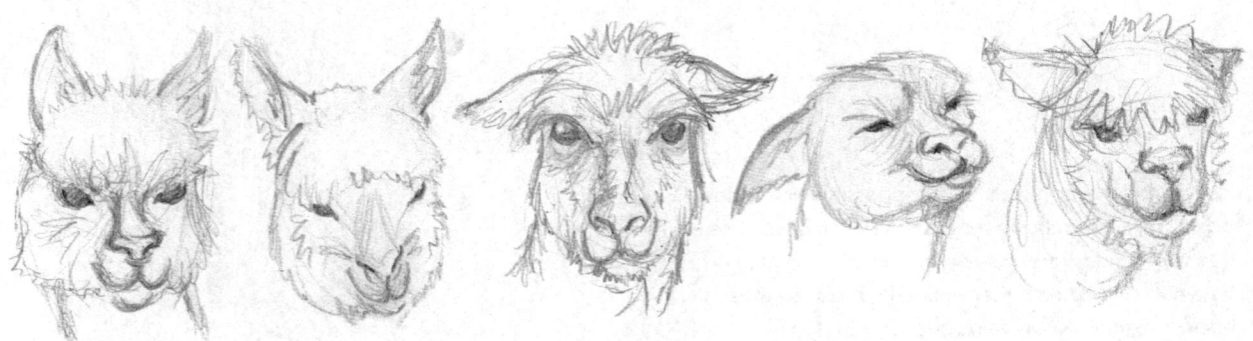

Estos estudios de cabezas realizados a partir de mi visita a la granja de alpacas (véanse las páginas 38-39) muestran la diversidad de personalidades.

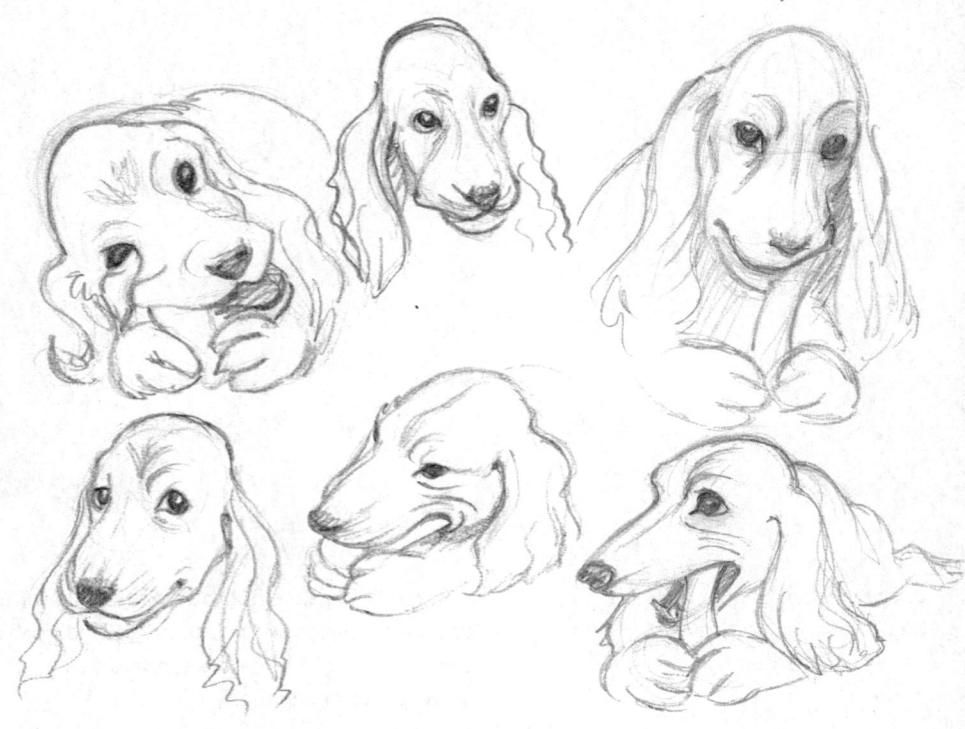

El tiempo que se dedica al estudio de un animal concreto, en este caso un Spaniel, siempre recompensa con creces. Con cada nuevo dibujo nos damos cuenta de algunos detalles o singularidades.

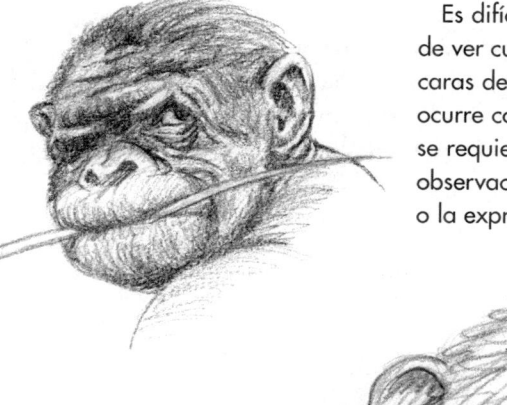

Es difícil resistirse a la tentación de ver cualidades humanas en las caras de muchos animales. Como ocurre con los retratos de personas, se requiere una minuciosa observación para captar la similitud o la expresión particular.

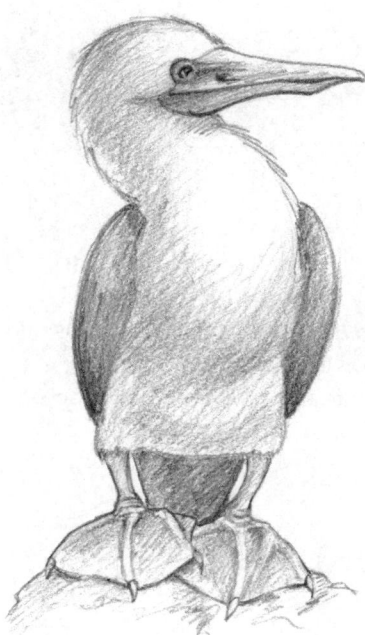

Para acentuar el aspecto cómico de este bobo he acentuado la curva del cuello y he agrandado las patas. Esta sutil caricatura aporta al dibujo mayor personalidad e impacto.

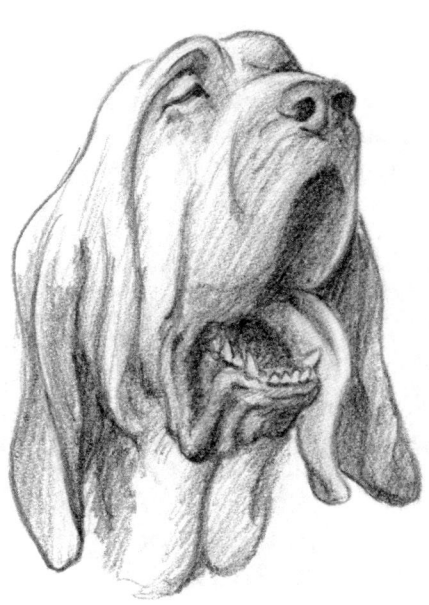

Generaciones de razas selectivas han hecho que los sabuesos parezcan realmente una caricatura. Aún así, sigue quedando terreno abierto para que el artista exagere aún más los rasgos, aunque en este caso ya nos adentraríamos en el territorio de los dibujos animados.

Cuanto más se sepa sobre el aspecto de los animales más libertad tendremos para explorar sus características con efectos artísticos como el dramatismo, el esplendor, la comedia y la empatía.

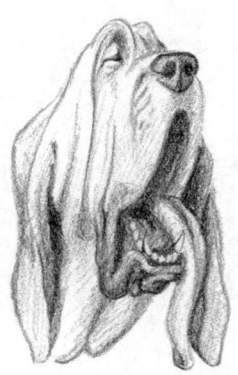

ESTILIZACIÓN

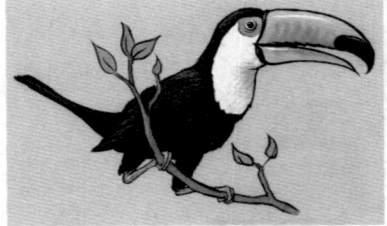

Gran parte de los dibujos realizados hasta ahora han sido bastante naturalistas en su enfoque. Sin embargo, los animales ofrecen un amplio abanico de interpretaciones. Experimentar con el tratamiento, la simplificación, la caricatura y las cualidades de diseño es muy divertido y además puede ayudar a desarrollar nuestro lenguaje pictórico personal o «estilo».

Eliminar los detalles superfluos puede producir agradables resultados. Este tucán está dibujado con tinta negra, unos cuantos toques de acuarela y tinta blanca.

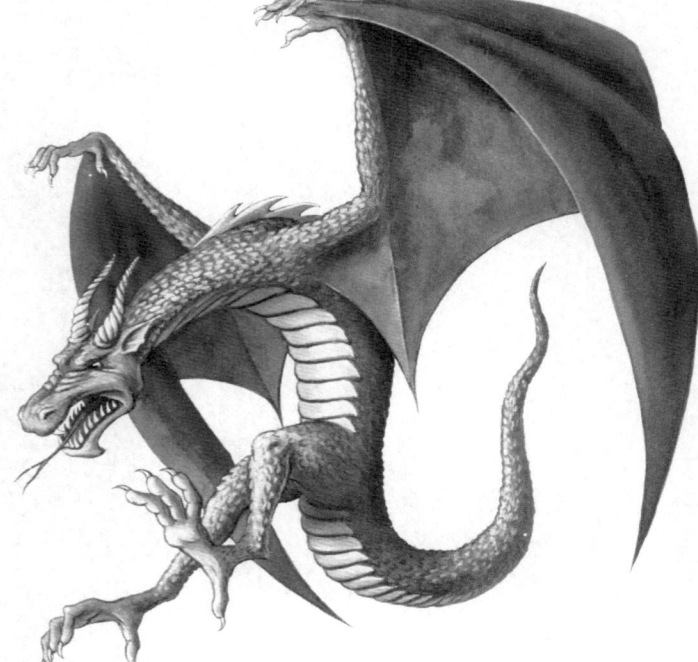

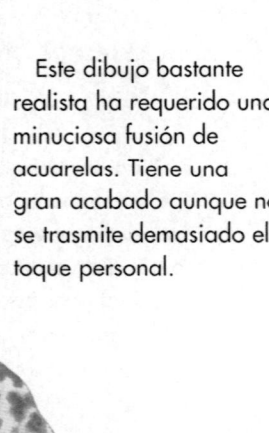

Este dibujo bastante realista ha requerido una minuciosa fusión de acuarelas. Tiene una gran acabado aunque no se trasmite demasiado el toque personal.

Con un tratamiento también complicado aquí diseñé la criatura. Crear una criatura fantástica que resulte creíble es un método que aporta muchas recompensas. El secreto está en inspirarse en animales reales, en este caso, murciélagos, aves y reptiles.

Este guepardo está dibujado con un estilo mu parco. Para aumentar el interés visual, el contorno realizado con rotulador varía en anchura y los detalles van desapareciendo en la parte trasera.

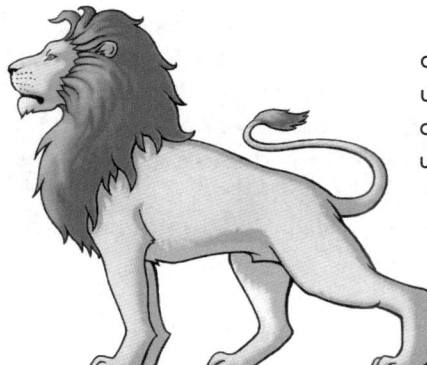

Utilizar un ordenador para dibujar el contorno le proporciona un acabado muy pulido y gráfico que sería difícil conseguir con los utensilios tradicionales.

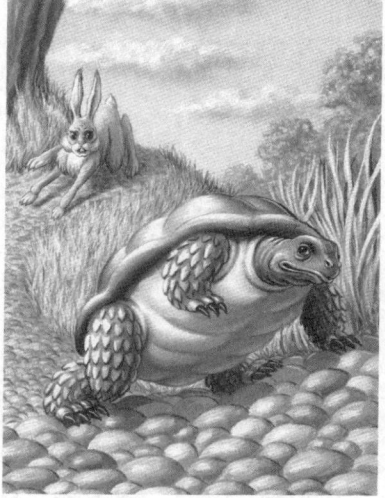

El mismo medio ha sido utilizado aquí para crear un efecto aún más dramático gracias a la exageración del físico del león, de su pose y expresión.

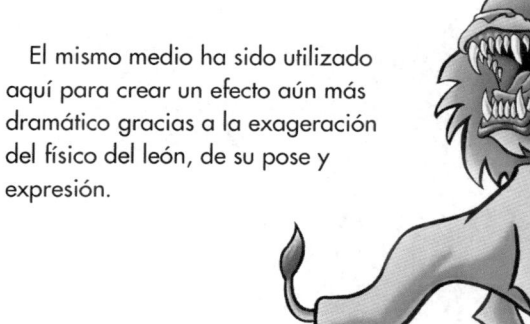

Los animales que interactúan en un mismo dibujo aportan un sentido narrativo, que se ve ampliado cuando adoptan expresiones humanas.

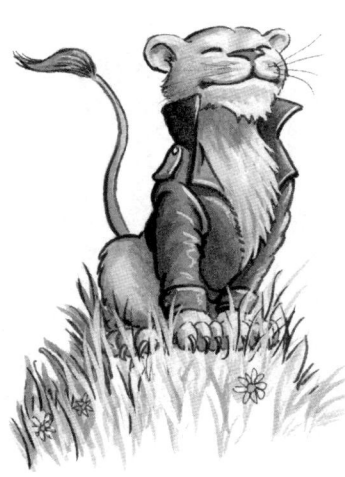

En estos dos dibujos, las cualidades humanas quedan reforzadas al añadir ropa. En este tipo de dibujos siempre intento mantener un fuerte sentido de las características propias de los animales.

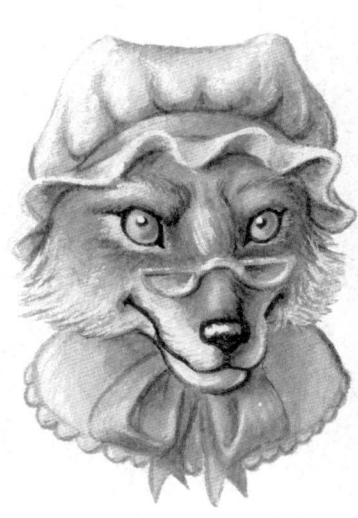

DIBUJOS ANIMADOS

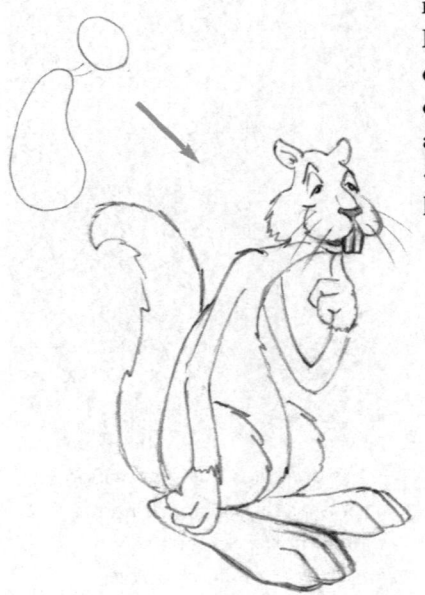

Con sus interesantes formas y encantadoras cualidades, es natural que los animales se presten al arte de los dibujos animados. Esta aparentemente sencilla disciplina requiere grandes dosis de exageración, simplificación, diseño y, en muchos casos, un buen conocimiento de anatomía. En el centro de la transformación de los animales en dibujos animados está el concepto de «antropomorfismo», que consiste en trasladar rasgos y expresiones humanas.

Algunas formas corporales estándar se utilizan como punto de partida para los dibujos animales y como atajos para trasmitir tipos de personalidad. Suelen centrarse en una forma básica de pera para el cuerpo y en un círculo o un óvalo en el caso de la cabeza. Las proporciones de estas formas determinan la personalidad final.

Este oso, con una cabeza, hombros y patas delanteras exageradas adopta la forma típica de bestias feroces como los toros, gorilas y grandes felinos. El zorro representa al personaje astuto y la ardilla, con los hombros y la barriga redondeada, sigue un diseño estándar de atontado. Estas formas básicas se pueden aplicar a la mayoría de los animales, sean cuales sean sus formas naturales.

Las proporciones de este caballo siguen siendo naturalistas pero la forma se simplifica y se hace más aerodinámica. Los ojos y la boca agrandados hacen que el animal sea agradable y también le transmiten algunas expresiones faciales humanas.

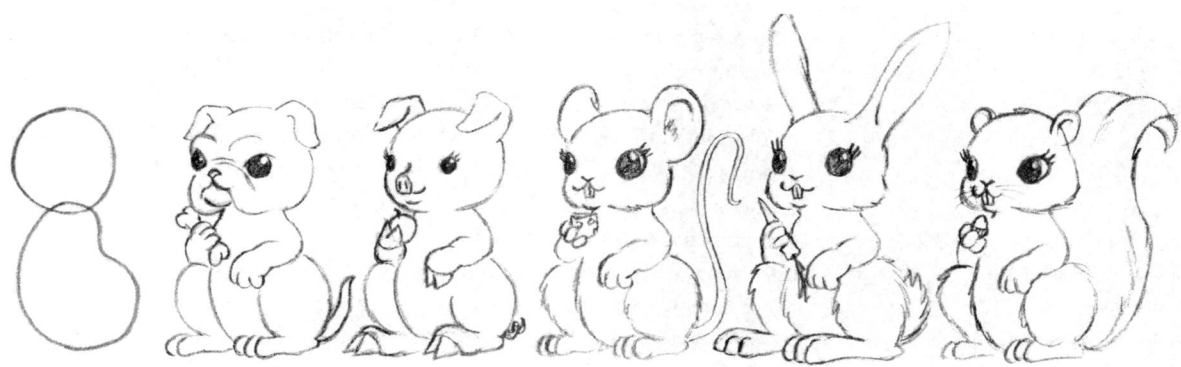

Los animales «monos» reflejan aspectos y proporciones del bebé humano. La misma forma corporal puede utilizarse para crear prácticamente cualquier criatura, sencillamente cambiándole los rasgos y algunos detalles.

Los animales también pueden diseñarse siguiendo su forma corporal natural. Este cerdo es básicamente un gran óvalo mientras que el guepardo tiene un cuerpo más estirado de lo normal y también se han exagerado sus curvas. Las caras contribuyen mucho a la caracterización.

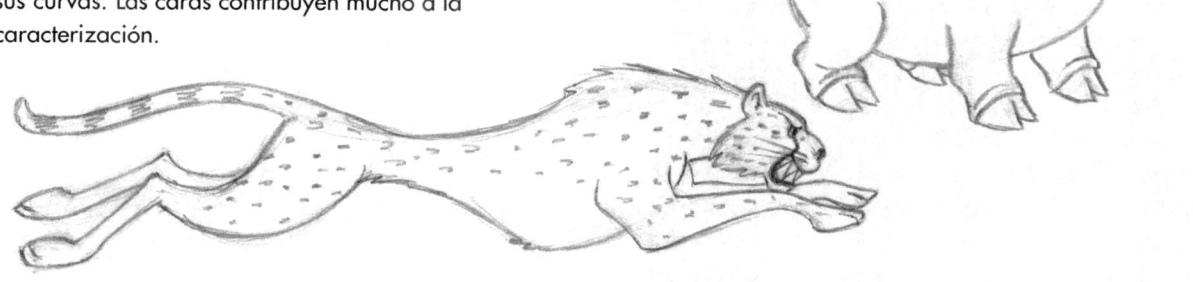

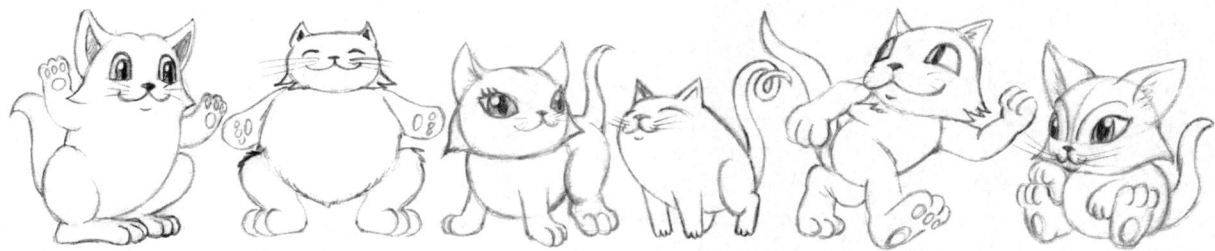

Dentro de las convenciones de los dibujos animados el campo de diseño de personajes es ilimitado. Aquí sencillamente hemos presentado algunas variantes de un gato dentro de las proporciones que se consideran «monas».

ÍNDICE ALFABÉTICO